기독교문서선교회(Christian Literature Center: 약칭 CLC)는 1941년 영국 콜체스터에서 켄 아담스에 의해 시작되었으며 국제 본부는 미국 필라델피아에 있습니다. 국제 CLC는 59개 나라에서 180개의 본부를 두고, 약 650여 명의 선교사들이 이동도서차량 40대를 이용하여 문서 보급에 힘쓰고 있으며 이메일 주문을 통해 130여 국으로 책을 공급하고 있습니다. 한국 CLC는 청교도적 복음주의 신학과 신앙서적을 출판하는 문서선교기관으로서, 한 영혼이라도 구원되길 소망하면서 주님이 오시는 그날까지 최선을 다할 것입니다.

추천사 1

홍민기 목사
라이트하우스무브먼트 대표, 브리지임팩트사역원 이사장

김 맥 목사님이 쓴 『교사는 공감이 필요해』는 현장을 모르는 사역자가 쓴 이론적 강의가 아닙니다. 오히려 현장에서 아이들을 마음으로 함께 섬기면서 이런저런 일을 다 겪으며 한 땀 한 땀 모아온 현장 이야기입니다.

요즘 주일학교 교사로 섬기기가 너무 어려운 시대를 살아가고 있습니다. 여러 이유가 있겠지만, 그중에서 가장 큰 이유는 바로 아이들과 세대 차이에서 오는 어려움입니다.

『교사는 공감이 필요해』는 현장에서 우리가 겪을 수 있는 실제적인 이야기입니다. 현장에서 김 맥 목사님이 아이들과 소통하기 위해 부단히 노력했던 이야기들이 우리 주일학교 교사들에게 실제적인 도움이 되리라고 확신합니다. 마지막으로 현장에서 지금도 애쓰며 기도하고 있는 여러분이 한국 교회의 희망입니다. 함께 힘을 냅시다.

추천사 2

이정현 목사
청암교회 담임, 개신대학원대학교 겸임교수

많은 분이 청소년 사역을 힘들어합니다. 교사들도 힘들어하고 사역자들도 힘들어합니다. 교사들은 아이들이 분반 공부 시간에 도무지 듣지 않는다고 힘들어하고, 사역자들은 설교 시간에 아이들이 집중하지 않는다고 힘들어합니다. 실은 청소년들은 어른들을 필요로 하고 있습니다. 자기 속 마음을 털어놓을 수 있고, 또 고통과 아픔을 나눌 수 있는 어른이 필요합니다. 하지만, 먼저 절대 이야기하지는 않습니다.

왜, 청소년들이 사역자들과 교사들에게 자기의 힘든 마음을 이야기 하지 않을까요?

바로 그들이 공감해 주지 않는다고 생각하기 때문입니다. 반대로, '우리 목사님/전도사님/선생님은 나를 너무나도 잘 이해해 주셔'라고 생각하는 청소년들은 쉽게 자기 마음을 오픈합니다. 사역자/교사가 청소년들과 이런 관계가 유지된다면, 청소년 사역이 재미있을 것입니다.

김 맥 목사님은 청소년 사역에서 가장 중요한 공감을 말해 주고 있습니다. 특히, 수년간 본인의 경험에서 나온 이야기라서, 읽는 독자들에게 공감이 됩니다. 또한, 현장에서 이미 체험한 내용이라서, 우리 역시 바로 적용할 수 있는 장점이 있습니다. 기억하십시오. 청소년 사역에서 가장 중요한 것은 공감입니다. 이 책을 통해 공감력이 상승되어서, 행복한 청소년 사역이 되길 소망합니다.

추천사 3

징식원 목사
예수향남교회 협동목사, 『청소년 기도많이 걱정조금』 저자

다음세대 아이들을 만날수록 한 가지 확실해지는 것이 있습니다. 그들은 '어떤'(What)말을 하는가보다 '누가'(Who) 그 말을 하는지가 더 중요하다는 사실입니다. 황금의 입을 가진 사람이 황금의 메시지를 전한다 해도 아이들의 신뢰를 얻지 못하면 통하지 못했습니다. 도리어 역효과가 많이 나곤 했습니다. 반대로 언변이 그리 탁월하지 못한 분이 말을 더듬거리며 메시지를 전하는데 통하는 것을 많이 경험했습니다. 왜냐하면, 그분은 아이들에게 신뢰를 얻는 분이었기 때문입니다. 이처럼 다음세대를 돌보는 사람에게 있어 신뢰를 얻는 것은 필수입니다.

김 맥 목사님의 『교사는 공감이 필요해』는 다음세대를 가르치고 돌보는 분들에게 꼭 필요한 무기와도 같습니다. 복잡하고 다양한 온라인·미디어·첨단의 시대를 살아가는 아이들에게 사랑을 통하게 만드는 진심과 기술을 전수해 주는 책이기 때문입니다.

이 책에는 철저하게 현장에서 끌어 올린 가르침의 본질이 담겼습니다. 복잡다단한 삶을 살아가는 아이들에게 어떻게 하면 진심이 통할 수 있는지, 그 진심이 어떻게 아이들에게 신뢰로 자리 잡을 수 있는지 알려 주는 책입니다. 그래서 아이들을 가르치고 돌보는 분들에게 꼭 필요한 책이라고 할 수 있습니다. 이 시대에 꼭 필요한 이 책을 강력 추천합니다.

추천사 4

김대훈 목사
초량교회 담임

　김맥 목사님이 『교사는 공감이 필요해』라는 책을 출간하게 되어서 참 기쁩니다. 기쁜 이유를 생각해 봤습니다. 저자 목사님이 제가 목회하는 초량교회에서 동역하는 교육목사인 것이 기쁩니다. 또 목사님이 세상에 낸 세 번째 책이기 때문에 기쁩니다. 제가 추천서를 쓰고 있는 것도 기쁩니다. 하지만 무엇보다 기쁜 것은 이 책이 지금 주일학교 교사들에게 꼭 필요한 책이라는 겁니다.

　아주 많은 책이 세상에 얼굴을 내밉니다. 온갖 화려한 지식으로 가득 채운 책도 있고 정보를 잔뜩 쌓은 책도 있습니다. 페이지 한 장, 한 장을 곱게 분칠한 신부처럼 예쁘게 꾸민 책도 있습니다. 헤비급 격투기 선수처럼 몸집이 크고 두꺼운 책도 있습니다. 저는 책의 가장 큰 가치는 내용이라고 생각합니다.

　『교사는 공감이 필요해』라는 책의 내용이 가치 있는 이유는 현실적입니다. 아이들의 생각과 행동 양식을 잘 아는 전문가가 썼습니다. 현장 경험이 많고 지금도 현장에서 분투하고 있는 사역자가 썼습니다. 복음과 아이들의 영혼을 사랑하는 목회자가 썼습니다. 읽을 가치를 충분히 담고 있습니다. 바라기는 이 책이 많은 주일학교 교사의 손에 전달되고 눈에 읽혀서 큰 유익함과 도전을 얻기를 바랍니다.

교사는 공감이 필요해

클릭! 청소년 신앙생활 지침서 ③

Teachers need empathy
Written by Maek Kim
All rights reserved.
Korean Edition Copyright ⓒ 2023 by Christian Literature Center, Seoul, Korea.

교사는 공감이 필요해
클릭! 청소년 신앙생활 지침서 ③

2023년 10월 20일 초판 발행

지 은 이 | 김 맥

편　　집 | 도전욱
디 자 인 | 이승희
펴 낸 곳 | (사)기독교문서선교회
등　　록 | 제16-25호(1980. 1. 18.)
주　　소 | 서울특별시 동대문구 천호대로71길 39
전　　화 | 02-586-8761~3(본사) 031-942-8761(영업부)
팩　　스 | 02-523-0131(본사) 031-942-8763(영업부)
이 메 일 | clckor@gmail.com
홈페이지 | www.clcbook.com
송금계좌 | 기업은행 073-000308-04-020 (사)기독교문서선교회
일련번호 | 2023-92

ISBN 978-89-341-2601-0(03230)

이 책의 출판권은 (사)기독교문서선교회가 소유합니다.
신저작권법에 의하여 한국 내에서 보호받는 저작물이므로 무단 전재와 무단 복제를 금합니다.

클릭! 청소년 신앙생활 지침서 ③

교사는 공감이 필요해

세대차이 어떻게 극복 할 수 있나요?

아이들과 대화하고 싶어요!

반 모임 어떻게 해야 하나요?

아이들이 말을 안 들어요!

김 맥 지음

CLC

목차

추천사 1 홍민기 목사 [라이트하우스무브먼트 대표, 브리지임팩트사역원 이사장]   1
추천사 2 이정현 목사 [청암교회 담임, 개신대학원대학교 겸임교수]   2
추천사 3 정석원 목사 [예수향남교회 협동목사, 『청소년 기도많이 걱정조금』 저자]   3
추천사 4 김대훈 목사 [초량교회 담임]   4

서론 이제는 우리가 변해야 합니다   10

제1부 청소년과 어떻게 소통할 것인가?   14

1. 저는 유초등부 사역자로 왔는데요?   15
2. 여러분 '꼰대'와 '공감'의 차이를 알고 계시나요?   23
3. 여러분은 꼰대 교사입니까? vs 존경받는 교사입니까?   27
4. 목사님! 제 아들이 소주 5병을 마셨어요   35
5. 목사님, 아이들이 가정 교육을 어떻게 받았는지 모르겠어요!!   44
6. 목사님, 아이들이 다 꿀 먹은 벙어리에요!   50
7. 목사님, 저도 아이들과 대화하고 싶어요!   57
8. 목사님, 저 집 나왔어요. 가출했어요!   66
9. 여러분은 어릴 때 어떤 상처를 받으셨나요?   71
10. 목사님, 부모님이 저 때문에 싸우시는 것 같아 미치겠어요!   79
11. 목사님, 저희끼리 연습하는 건데 왜 그러세요?   83
12. 예배 시간에는 에어팟 끼지 말고 예배드려야지!   90

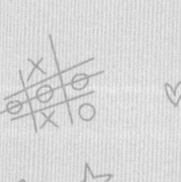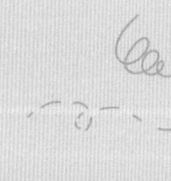

13.	청소년과 멀어지는 대화는 무엇일까요?	98
14.	청소년을 어떻게 칭찬해야 할까요?	106
15.	얘들아, 토트넘이 아스날을 이겼던데?	110
16.	아이들을 전략적으로 만나십시오.	115
17.	아이들을 여럿이 만나지 말고 한 명씩 만납시다!	126
18.	부모님은 당신의 가장 소중한 동역자입니다!	130

제2부 청소년 사역은 하나님과 소통이 제일 중요하다! 135

1. 우리는 매일 하나님의 은혜를 받아야 합니다! 136
2. 우리는 살기 위해 기도해야 합니다! 140
3. 기도할 때 하나님의 역사가 일어납니다! 146
4. 기도 어떻게 해야 할까요? 149
5. 말씀을 읽고 묵상해야 합니다 159
6. 예배에 목숨을 걸어야 합니다. 163

제3부 공과 공부 어떻게 해야 하나요? 169

1. 교사들의 공과 공부 유형 170
2. 공과 공부, 이렇게 해보자! 176

이제는 우리가 변해야 합니다

예전에 청소년부 사역할 때 여학생 한 명이 예배를 마치고 저에게 와서 꼭 하고 싶은 말이 있다고 했습니다. 저는 친구들과 인사하는 것을 멈추고 그 여학생에게 무슨 일이 있는지 물어봤습니다.

그러자 그 여학생이 저에게 이렇게 말했습니다.

"목사님, 지금까지 많이 참아왔는데 저희 반 선생님 때문에 너무 힘들어요."

저를 찾아왔던 여학생은 평소 성격이 활발하고 신앙생활을 열심히 하던 친구였습니다. 그런데 그 여학생이 갑자기 눈물을 흘리면서 선생님 때문에 너무 힘들다고 말했습니다. 저는 그 이야기를 듣고 깜짝 놀랐습니다. 왜냐하면, 여학생이 말한 그 선생님은 평소에 아이들을 열심히 가르치기로 유명한 선생님이셨기 때문입니다.

그 선생님은 하나님을 향한 열정이 있었고 아이들을 사랑하는 마음으로 가득했습니다. 그래서 무려 15년이 넘는 긴 시간 동안 청소년부 교사로 아이들을 섬겨왔습니다. 그런데 선생님 반에 있던 여학생이 저에게 찾아와서 그 선생님 때문에, 교회에 나오는 게 너무 힘들다고 눈물을 흘리며 하소연했던 것입니다. 도대체 뭐가 문제인지 몰랐기에 그 여학생의 이야기를 계속 들었습니다.

그 여학생은 이렇게 말했습니다.

> 목사님, 선생님이랑 말이 안 통해요. 항상 선생님이 하고 싶으신 말만 하세요. 저희한테는 말씀대로 살아가야 한다고 하시는데 정작 선생님은 말과 행동이 다르세요. 너무 힘들어요. 목사님, 지금까진 참아왔는데 이제 더 이상 못 참겠어요. 목사님, 정말 어떻게 해야 할까요?

저는 그 선생님이 아이들을 정말 사랑하고 잘 가르친다고 생각했습니다. 하지만 정작 속을 들여다봤을 때 아이들에게는 말이 통하지 않고 매일 혼만 내는 꼰대 선생님으로 불리고 있었던 것입니다. 그런데 더 놀랍고 충격적이었던 사실이 있습니다. 여학생이 힘들다고 말했던 선생님은 자기가 아이들에게 꼰대 선생님이라고 불리고 있는지 전혀 알지 못했습니다. 오히려 아이들이 자기 말을 듣지 않는다고 생각하고 있었습니다.

저는 청소년 사역을 16년 동안 하면서 정말 많이 느꼈던 것이 한 가지 있습니다. 바로 교사와 청소년의 세대 차이가 너무 크다는 것이었습니다. 교사들이 청소년을 잘 양육하고 싶어 하지만 정작 방법을 몰라서 오히려 사이가 더 멀어지는 경우를 너무 많이 봤습니다. 청소년과 교제하고 싶지만 어떻게 교제하는지 몰라서 여전히 헤매고 있는 경우를 많이 봤습니다. 그리고 저도 마찬가지였습니다. 아이들을 사랑한다고 하면서 전혀 아이들의 마음을 모른 채 오랫동안 사역을 해왔습니다.

이제는 우리가 변해야 합니다. 아이들이 믿고 신뢰할 수 있는 교사로 변해야 합니다. 우리가 변하면 희망이 있습니다. 우리가 변하면 아이들이 다시 교회를 찾아올 것입니다. 그리고 변하는 것은 그렇게 어려운 것이 아닙니다. 내가 변하고자 하는 의지가 충분히 있다면 우리는 변할 수 있습니다.

저는 이 책에 총 세 가지 주제를 자세히 적었습니다.

첫째, 청소년 교사들이 아이들과 어떻게 교제할 수 있는지 자세히 적어놨습니다.

지금 청소년부에 가장 급한 것은 아이들과의 의사소통이라고 생각합니다. 선생님과 학생들 사이에 소통이 제대로 이뤄지지 않아서 관계가 깨어지고 힘들어하는 일이 너무 많이 일어납니다. 선생님은 선생님대로 아이들을 대하는 것이 버겁고 힘들고, 스트레스입니다. 아이들은 아이들대로 선생님과의 관계가 힘이 듭니다. 그래서 저는 어른들이 아이들을 어떻게 공감해야 하는지, 아이들 마음을 헤아리는 게 무엇인지 실제 사례를 들어가며 설명했습니다.

둘째, 청소년 교사들이 어떻게 경건 관리를 해야 할지 자세히 적어놨습니다.

청소년 교사에게 가장 중요한 것은 경건 관리입니다. 교사들이 경건 관리를 제대로 하지 않으면 삶이 무너지게 됩니다. 삶이 무너지면 사역도 무너질 수밖에 없습니다. 그래서 청소년 교사들이 어떻게 경건 관리를 해야 하는지 설명했습니다.

셋째, 청소년 공과 공부를 어떻게 해야 할지 자세히 적어놨습니다.

교사들이 제일 힘들어하는 것이 공과 공부 시간입니다. 그래서 어떻게 하면 공과 공부 시간을 학생들이 기대하는 시간으로 만들 수 있을지 설명했습니다.

마지막으로 저는 이 책을 교사들이 반드시 읽기를 바랍니다. 그래서 자기가 맡은 아이들을 주님 안에서 행복하게 잘 가르쳤으면 좋겠습니다.

하나님에게 모든 영광을 올려 드립니다.

제1부

청소년과 어떻게 소통할 것인가?

청소년 아이들과 어떻게 소통하는지 몰라 어려움을 겪는 교사들을 많이 봐왔습니다. 저도 마찬가지였습니다. 아이들과 어떻게 소통하는지 몰라 많은 시행착오와 어려움을 겪었습니다. 제가 오랫동안 청소년 사역하면서 내린 결론이 있습니다. 아이들과 잘 소통하기 위해서 가장 중요한 것은 바로 아이들을 잘 공감해 주는 것이었습니다.

처음엔 저도 아이들을 어떻게 공감하는지 몰라 많이 헤맸습니다. 하지만 시간이 지나면서 조금씩 아이들을 어떻게 공감하는지 알 수 있었습니다. 저는 이 시간 여러분과 함께 청소년 아이들을 어떻게 공감하는지 실제로 알아볼 것입니다. 다 같이 아이들을 어떻게 공감하는지 배워보도록 합시다.

1

저는 유초등부 사역자로 왔는데요?

지금으로부터 약 18년 전, 당시 신학생이었던 저는 23살의 어린 나이에 전도사로 사역을 나가기로 결심했습니다. 기도하는 가운데 전도사로 사역해야겠다는 강한 마음이 들었고 부모님과 상의 후 사역자를 뽑는 교회를 찾아보았습니다. 그런데 저는 처음 전도사로 사역을 나갈 때 한 가지 중요한 조건이 있었습니다.

바로 '청소년부는 절대 하지 않는다'는 것이었습니다. 왜냐하면, 22살에 교사로 중등부 2학년을 맡아서 일 년을 섬겼는데 너무 힘들었기 때문입니다. 중학교 2학년 아이들은 제 말을 듣지 않았습니다. 무슨 말을 해도 아무런 반응이 없었습니다.

저는 그때 일 년 동안 중등부 교사를 하면서 한 가지 큰 결심을 했습니다. 앞으로 전도사가 되었을 때 청소년부는 절대 맡지 않겠다는 다짐이었지요. 그래서 사역할 교회를 찾을 때 유초등부 사역자를 뽑는 곳에만 지원서를 냈던 것입니다.

두 교회에 지원했는데 얼마 후 한 곳에서 연락이 왔습니다. 저는 연락이 온 교회로 찾아갔고 담임목사님과 면접을 보고 난 뒤 그다음 주부터 유초등부 교육전도사로 사역하기로 했습니다.

그런데 유초등부 사역자로 부임하고 얼마 있지 않아 정말 황당하고 웃긴 일이 벌어졌습니다. 유초등부로 지원을 해서 갔는데 저의 의지와는 상관없이 2주 만에 청소년부 담당으로 바뀐 것입니다.

여러분 도대체 제게 무슨 일이 일어났던 것일까요?

이유가 있었습니다. 왜냐하면, 그 당시 청소년부에서 사역하시던 전도사님 나이가 50대 초반이었습니다. 아이들과 소통에 어려움이 있었습니다. 그 당시 청소년부 전도사님은 태권도 관장을 오래 하시다가 목회 길을 가기 위해 태권도장을 정리하시고 전도사로 사역하고 있었습니다.

그런데 제가 봐도 아이들이 전도사님을 어려워하는 게 눈에 보였습니다. 그 당시 전도사님은 상당히 근엄했고 아이들이 다가서기 힘든 그런 분위기를 가지고 있었습니다. 말씀은 상당히 열정적으로 전하셨지만 아이들과 소통은 전혀 없었습니다.

저는 교회에 부임한 지 1주가 지났을 때 장로님 한 분과 인사를 했습니다. 장로님이 저를 보시더니 격하게 환영하시면서 이렇게 말씀하셨습니다.

장로님: 전도사님, 우리 교회에 오신 걸 진심으로 환영합니다.

나: 장로님. 감사합니다. 앞으로 잘 부탁드립니다.

장로님: 전도사님, 한 가지 말씀 드릴 게 있습니다.

나: 네. 장로님 말씀하셔요.

장로님: 전도사님, 지금 청소년부를 섬기시는 전도사님이 나이가 많으셔서 제 생각엔 전도사님이 청소년부 학생들과 코드가 더 잘 맞을 것 같습니다.

나: 네?(당황) 아닙니다. 저는 유초등부가 더 좋습니다.

장로님: 잠깐만 기다려보세요. 제가 담임목사님에게 말씀드려 보겠습니다.

나: 네?(완전 당황) 장로님, 전 유초등부에 있고 싶습니다.

저와 장로님의 대화는 그렇게 끝이 났습니다. 저는 '아무리 그래도 부서가 바뀔 수 있겠냐'면서 장로님과 했던 대화를 잊어버렸습니다. 그런데 2주 뒤 주일 예배 후 담임목사님이 갑작스러운 발표를 하셨습니다.

"앞으로 김 맥 전도사님이 청소년부를 맡게 되었습니다."

저는 그 순간 망연자실한 표정으로 저를 추천하겠다던 장로님을 쳐다봤습니다. 저와 눈이 마주친 장로님은 손으로 엄지척을 지으시며 웃으셨습니다. 청소년부 안 가려고 유초등부 사역자를 뽑는 곳만 지원했는데 2주 만에 청소년부 사역자가 되다니요. 도대체 이게 무슨 날벼락인지 정신이 없었습니다.

교회 부임한 지 2주 만에 청소년 사역자가 되었다는 사실에 저는 정말 자신이 없었습니다. 고3이 저와 네 살 차이 밖에 안 나는데 제가 그 아이들을 잘 인도할 수 있을지 불안했습니다. 무엇보다 그 당시 저는 청소년 사역을 어떻게 하는 줄도 몰랐습니다.

여러분 저는 청소년부를 잘 이끌었을까요?

그 이후로 제가 일 년 동안 청소년부에서 어떻게 사역했는지 돌아보면 지금도 아찔합니다. 그때 저는 청소년 예배 때 설교를 무려 한 시간 동안 했습니다.

여러분, 처음 사역하는 전도사가 한 시간 동안 설교가 가능할까요?

가능했습니다. 했던 말을 또 하고 그 했던 말을 또 하면 한 시간이 금방 지나가 버렸습니다.

그뿐만이 아니었습니다. 제가 했던 설교에는 공감이 없고 정죄만 가득했습니다. 예를 들어 "게임은 우상숭배다, 게임을 하지 마라, 너희들 예배 지각하지 마라, 찬양 그런 식으로 하지 마라" 등 정죄 가득한 설교를 매주 한 시간 넘게 했습니다(그때만 생각하면 정말 부끄럽습니다. 그래도 밝히는 이유는 여러분이 저와 같은 실수를 하지 않길 바라는 마음에서입니다).

그리고 저는 아이들과 소통을 전혀 하지 않았습니다. 당시 제가 유초등부에서 청소년부로 바뀌었을 때 누구보다 좋아했던 사람이 바로 청소년부 아이들이었습니다. 아이들이 격하게 환영했던 이유는 저와 소통하고 싶어서였습니다. 젊은 전도사님과 함께 어울리며 신앙생활을 하고 싶었던 것이지요. 하지만 저는 아이들과 소통을 전혀 하지 않았습니다. 근엄한 척만 했던 것이죠.

그리고 선생님들 또한 마찬가지였습니다. 선생님들을 사랑해 주고 격려해 주며 소통했어야 했는데 저는 오히려 선생님들을 향해 열심히 히리며 호통을 쳤습니다. 무식한 게 참 용감하다고 지금 생각해도 부끄럽습니다. 그런데 더 놀라운 사실이 뭐냐면, 제가 일 년 동안 그 과정들 속에서 나름 열심히 사역했다고 착각했던 것이죠.

하지만 얼마 지나지 않아 저의 착각은 와장창 깨지고 말았습니다. 일 년이 지났을 때 저는 아이들과의 관계가 완전히 틀어져 있었고 선생님은 절반이 그만둔다고 하셨습니다. 저는 그제서야 사태의 심각성을 느끼기 시작했습니다. '이건 뭔가 잘못됐어. 나에게 문제가 있는거야'라고 생각했던 것이죠.

그리고 저에게는 두 가지 선택이 기다리고 있었습니다. 이대로 사역을 계속하던지, 아니면 사역을 그만두던지 결정을 내려야 했습니다.

여러분 저는 어떤 선택을 했을까요?

저는 전자를 선택했습니다. 이대로 끝낼 수는 없었습니다. 그리고 저는 변하기로 결심했습니다. 변하기로 결심한 그다음 날부터 책을 읽기 시작했습니다. 청소년 사역했던 선배들이 쓴 책을 읽기도 했고 일반 서점에 가서 다양한 분야의 책을 읽기도 했습니다.

그렇게 책을 읽자 제가 청소년 사역을 얼마나 엉망진창으로 해왔는지 알 수 있었습니다. 저의 리더십에 큰 문제가 있었습니다. 바로 누구와도 전혀 소통하지 않았던 것이죠. 아이들, 선생님들과 소통했어야 했는데 전혀 소통하지 않고 있었던 것입니다.

저는 책을 읽으면서 아이들, 선생님들과 소통하기로 굳게 마음먹었습니다. 그리고 시간이 흘러 새 학기가 시작되었을 때 임원들과 함께하는 시간을 가졌습니다. 임원 아이들이 다 모였을 때 저는 아이들에게 할 말이 있다고 했습니다. 그러자 아이들은 제가 무슨 말을 할지 몰라 서로 눈치를 보고 있었습니다.

저는 그런 아이들에게 이렇게 말했습니다.

"오늘 첫 임원 모임은 피시방에서 한다. 다들 피시방으로 가자!"

제가 첫 임원 모임을 피시방으로 정했던 이유는 임원들이 다 남자였고 게임을 상당히 좋아했기 때문입니다. 저는 아이들과 사역 이야기를 하기 전에 먼저 소통해야 한다고 생각했고 그래서 피시방에 가자고 말했던 것이죠. 피시방에 가자는 말을 들은 임원들은 다들 눈이 휘둥그레지면서 그 말이 정말인지 몇 번이고 저에게 물어봤습니다.

저는 그럴 때마다 거짓말이 아니라고 진짜라고 말하며 피시방에 가서 무슨 게임을 할 것인지 물어봤습니다. 그리고 그날 놀라운 일이 일어났습니다. 그날 저를 어려워하던 임원들은 다 저에게 마음 문을 열었습니다. 그 이후로 저는 아이들과 피시방을 간 적은 한 번도 없었지만 제가 아이들을 인정해 주고 소통하려고 하자 아이들이 저에게 마음 문을 열기 시작했습니다.

선생님들도 마찬가지였습니다. 이미 절반의 선생님이 그만두셨지만, 다시 새롭게 들어온 선생님들이 계셨습니다. 그래서 작년과 비슷하게 선생님 수가 채워질 수 있었습니다. 저는 선생님들이 모여 있는 자리에서 한 가지 제안을 했습니다. 바로 교사 모임이었습니다.

선생님들은 흔쾌히 하겠다고 말씀하셨습니다. 그 이후로 우리는 매주 예배가 끝난 후 교사 모임을 했습니다. 저는 교사 모임 때 특별한 것을 하지 않았습니다. 다만 제가 했던 딱 한 가지는 선생님들의 기도 제목을 듣는 것이었습니다. 선생님들은 기도 제목을 말하면서 한 주 동안 무슨 일이 있었는지 자연스럽게 나누었습니다.

선생님들이 함께 삶을 나누면서 기도 제목을 말하자 놀라운 일이 일어났습니다. 선생님들끼리 서로 공감대가 형성되기 시작했습니다. 선생님들이 서로 사이가 좋아지면서 부서 소속감이 강하게 생기는 모습을 볼 수 있었습니다. 그러다 보니 나중에는 제가 굳이 말하지 않아도 선생님들이 학생들을 열심히 섬기는 분위기가 형성되었습니다.

저는 사역 일 년 차에 너무나 중요한 사실을 깨달았습니다. 제가 변하면 공동체가 변화된다는 것을 말이죠. 그리고 변화의 가장 중요한 것은 소통이었다는 것을요. 저는 소통을 시작한 이후 아이들과 선생님과의 관계를 완전히 회복했습니다.

제가 여러분에게 부끄러운 저의 과거를 말씀드리는 이유가 있습니다. 정말 좋은 교사는 말씀을 탁월하게 가르치는 사람이 아닙니다. 그것은 두 번째라고 생각해요. 제가 생각하는 탁월한 교사는 바로 학생들과 잘 소통하는 교사라고 확신합니다. 교사가 아이들과 소통할 때 아이들에게 말씀이 들어가고 회복이 일어나게 됩니다.

여러분, 그렇다면 우리는 아이들과 어떻게 소통해야 할까요? 어떻게 소통해야 아이들과 잘 소통할 수 있을까요?

저는 16년 동안 청소년 아이들과 함께해 오면서 아이들과 소통에서 가장 중요한 것이 무엇인지 알게 되었습니다. 그것은 바로 아이들과 공감하는 것이었습니다. 제가 아이들과 공감할 때 아이들이 마음의 문을 열고 저를 인정해 주었습니다. 저는 아이들과 공감하는 것을 처음에는 전혀 몰랐습니다. 앞서 말했듯이 저는 사역하면서 공감이 뭔지도 몰랐고 아이들과의 소통에서 너무나 많은 시행착오를 겪어야 했습니다.

하지만 저는 이제 아이들과 어떻게 소통하는지 어느 정도 알고 있습니다. 제가 진심으로 아이들과 공감할 때 아이들도 제 말에 귀를 기울이며 고개를 끄덕인다는 것을요. 제가 공감하기 시작하자 오히려 아이들이 저를 이해해 주었고 저의 편이 되어 주었습니다.

이제 저는 여러분과 함께 아이들과 공감하는 것이 무엇인지 함께 나누고자 합니다. 부디 여러분이 맡고 있는 반 아이들과 깊은 소통이 이루어지기를 축복합니다.

2

여러분 '꼰대'와 '공감'의 차이를 알고 계시나요?

여러분은 '꼰대'라는 단어를 들어본 적이 있으신가요?

원래 '꼰대'라는 단어는 청소년들이 아버지, 교사 등 나이가 많은 사람을 가리켜 자기들끼리만 쓰는 은어였습니다. 예를 들어보겠습니다. 학생 한 명이 늦잠을 자서 학교에 지각했습니다.

학생 1: 야! 나 오늘 지각한 거 꼰대(담임 선생님)한테 걸렸냐?

학생 2: 아니. 아직 반에 꼰대 안 들어왔는데. 너 운 좋네.

학생 1: 나이스! ○○아, 오늘 꼰대 몰래 보충 수업 제낄래? 같이 코인 노래방 가자!

학생 2: 난 안돼! 우리 집 꼰대(아버지)한테 걸리면 어떻게 되는 줄 너도 알잖아, 끝나고 가자!

학생 1: 그래. 너네 아버지가 무섭긴 하지. 알겠어. 끝나고 같이 가자.

이렇게 '꼰대'는 청소년들끼리 아버지나 교사 등 나이가 많은 사람들을 가리킬 때 자기들끼리만 쓰는 언어였습니다. 그런데 지금은 '꼰대'의 뜻이 다르게 사용되고 있습니다. 오히려 더 넓은 의미로 많은 사람들이 사용하고 있습니다.

요즘 '꼰대'의 뜻은 자신의 사고방식을 상대방에게 강요하는 나이 많은 사람들을 향해 '꼰대'라고 부릅니다. 흔히 학교 선배라든지, 직장 상사라든지 나이가 많고 계급이 높은 사람이 자기 경험을 일반화해서 자기 의견이 옳다고 주장하며 남을 가르치려고 할 때 '꼰대'라고 불리게 되는 것이죠.

예전에 제가 둘째 딸(10살)에게 한 가지 부탁을 한 적이 있습니다. 셋째 딸(8살)이 아직 한글을 잘 몰라서 함께 쓰기 연습을 하면서 한글을 가르쳐 달라는 부탁이었습니다. 저의 부탁을 받은 둘째 딸은 흔쾌히 하겠다고 말했습니다. 저는 부탁은 했지만 둘째 딸이 어떻게 셋째 딸을 꾀어서 함께 쓰기 연습을 할지 궁금했습니다. 그리고 잠시 뒤 둘째 딸이 셋째 딸에게 하는 말을 듣고 충격을 받았습니다.

둘째: 언니가 너한테 해줄 말이 있어. 나 때는 말이야 …

셋째: 응?

둘째: 내가 8살이었을 땐 엄마, 아빠 말씀도 잘 듣고 받아쓰기도 열심히 했는데 너 요즘 너무 노는 거 같지 않니?

셋째: 응? 나 노는 거 좋아(해맑음).

둘째: 어휴 … 내가 8살 때 받아쓰기 잘하려고 집에서 공부해서 학교 가고 그랬는데 … 넌 너무 풀어진 것 같아.

셋째: 받아쓰기 싫어! 난 놀 거야.

둘째: 그러지 말고 언니랑 같이 쓰기 연습해 보자.

   둘째가 셋째에게 "나 때는 말이야"라고 말하면서 자신이 어릴 때는 쓰기 연습을 열심히 했는데 너도 열심히 해야 하지 않겠느냐며 말했습니다. 저는 둘째 딸을 보면서 이런 생각이 들었습니다.

   '이제는 나이가 많든 적든 간에 누구나 다 꼰대가 될 수 있구나!'

   제가 여러분에게 공감을 말하기 전에 먼저 꼰대에 대해 이야기하는 이유가 있습니다. 청소년 사역하는 분 중에 꼰대 마인드를 가진 분들이 꽤 많이 있기 때문입니다. 이런 때는 두 가지 경우입니다. 하나는 정말 꼰대 마인드를 가지고 있어서 '나 때는 말이야'를 거침없이 말하는 경우이고 다른 하나는 마음은 아이들과 친해지고 싶고 아이들을 바른길로 이끌고 싶은데 결국 아이들에게 꼰대가 되어 있는 것이죠.

   여러분, 청소년은 '저 선생님은 꼰대구나'라고 생각하면 그 선생님의 어떤 말도 귀담아들으려고 하지 않습니다. 선생님이 아무리 주옥같은 말을 하더라도 오히려 잔소리라고 생각할 뿐이죠. 즉 선생님에게 마음 문을 완전히 닫아버립니다.

여러분, 청소년의 마음을 얻고 싶고, 청소년과 친해지고 싶으면, 청소년과 마음을 터놓고 이야기하고 싶다면 '공감'하면 됩니다. 여러분이 청소년과 공감할 수 있을 때 맡은 부서와 반에 엄청난 변화가 일어날 것입니다.

자, 그렇다면 청소년을 공감한다는 것은 과연 무엇일까요?

3

여러분은 꼰대 교사입니까?
vs 존경받는 교사입니까?

예전에 주일 예배를 마치고 학생들과 인사를 하고 있을 때였습니다. 그때 여학생 한 명이 저에게 와서 꼭 하고 싶은 말이 있다고 했습니다. 저는 다른 학생들과 인사하는 것을 멈추고 그 여학생에게 무슨 일이 있는지 물어보았습니다.

그러자 그 여학생이 저에게 이렇게 말했습니다.

여학생: 목사님, 저 드릴 말씀이 있어요.

나: 응, 그래. 말해봐.

여학생: 저, 지금까지 꾹 참았는데요. 이제 더 이상 못 버티겠어요.

나: 응?(놀람) 무슨 일 있어?

여학생: 네. 저희 반 선생님이 너무 힘들어요.

나: 음 … (엄청 놀람) 선생님하고 무슨 일 있었어?

여학생: 네. 목사님. 선생님이랑 말이 안 통해요. 선생님은 저희 말을 안 들으시고 항상 하고 싶은 말만 하세요. 너무 힘들어요. 목사님.

나: 그랬구나. 선생님이랑 소통하고 싶은데 안돼서 답답했구나?

여학생: 네 목사님.

   그 여학생은 저를 찾아와서 반 선생님 때문에 너무 힘들다고 하소연했습니다. 그 여학생은 말하는 도중에 서러웠는지 눈물을 펑펑 흘렸습니다. 저는 그 여학생이 우는 모습을 보고 깜짝 놀랐습니다. 왜냐하면, 그 선생님은 평소에 아이들을 열심히 가르치기로 소문난 선생님이셨기 때문입니다.

   그 선생님은 예수님을 뜨겁게 사랑했고 아이들을 사랑하는 마음으로 가득했습니다. 그래서 무려 15년이 넘는 긴 시간 동안 고등부 교사로 아이들을 섬겨왔습니다. 그런데 정작 속을 들여다봤을 때 아이들에게는 말이 전혀 통하지 않는 꽉 막힌 꼰대 선생님으로 불리고 있었던 것입니다. 그 일이 있고 몇 주 뒤 주일 예배 전 그 선생님을 잠깐 만났습니다.

나: 선생님, 안녕하세요.

선생님: 안녕하세요. 목사님.

나: 네, 요즘 잘 계시죠?

선생님: 네. 잘 있습니다. 목사님, 요즘에 아이들이 참 말을 안 듣습니다.

나: 네?

선생님: 예전에는 공과 공부하면 아이들이 잘 들었는데 지금은 더 이상 아이들이 들으려고 하지 않습니다. 너무 답답합니다.

나: 아 … 그러셨군요.

선생님: 요즘 아이들의 집중력이 참 약해졌어요. 제가 10년 전에 교사할 때는 아이들이 말을 잘 들었는데 지금은 그렇지 않아요.

그 선생님은 저에게 10년 전에 교사로 섬길 때는 아이들과 소통이 잘 되었는데 지금은 아이들과 소통이 너무 힘들다고 말했습니다. 선생님은 아이들에게 말씀을 열심히 가르치는데 정작 아이들이 전혀 자기 말을 듣지 않아 답답해하고 있었습니다.

여러분, 무엇이 문제일까요?

아이들과 선생님의 간격을 어떻게 극복해야 할까요?

우리가 먼저 공감에 대해 알아보기 전에 아이들이 어른에 대해 어떻게 생각하는지 한번 살펴봤으면 좋겠습니다.

1. 아이들이 꼰대라고 생각하는 교사는?

아이들이 꼰대라고 생각하는 교사는 몇 가지 특징이 있습니다.

첫째, 아이들은 잔소리하는 교사를 꼰대라고 생각합니다.

교사가 아이들과 이야기하면서 자주 실수하는 말이 있습니다. 아까 말씀드린 것처럼 "나 때는 말이야 ~"라고 말하는 것입니다.

선생님은 인생을 오래 살아왔기 때문에 그 과정에서 여러 가지 경험을 해왔습니다. 즉, 이미 아이들이 가야 할 길을 한 번씩 다 거쳐간 것이죠. 그래서 아이들에게 현실적으로 도움이 되는 좋은 말을 해 주려고 합니다. 우리가 왜 믿음을 지켜야 하는지, 어떤 모습으로 살아야 하는지 열심을 내서 가르치려고 합니다. 그런데 정작 아이들에게는 그런 말들이 잔소리처럼 들릴 수 있다는 것이죠.

예전에 함께 사역하던 청소년부 교사가 한 명 있었는데요. 그분은 평소에 유쾌하고 유머러스했으며 열정이 많던 교사였습니다. 그런데 아이들이 그 선생님 반에 걸리면 인상을 쓰면서 가고 싶어 하지 않았습니다. 저는 이유가 너무 궁금해서 아이들에게 직접 물어보았습니다. 그러자 아이들이 하나같이 이렇게 말했습니다.

"선생님이 너무 옛날이야기를 하시고 잔소리만 하세요."

아이들이 이렇게 말했던 이유가 있었습니다. 그 선생님은 자기 옛 경험을 살려 아이들에게 좋은 말을 해 주고 싶어 하셨는데 어느 순간부터 선생님 말씀이 아이들에게 잔소리처럼 들려진 것입니다.

둘째, 아이들은 일방적으로 가르치려고 하는 교사를 꼰대라고 생각합니다.

여러분 교사가 아이들과 있을 때 혼자서 일방적으로 말하면 어떻게 될까요. 아마 아이들이 겉으로 내색은 안 해도 속으로는 상당히 지루해하며 이렇게 생각할 겁니다.

'언제 이 시간이 끝날까?'

혼자서만 말하는 교사 특징은 아이들이 무엇을 말하려고 하면 그 말을 자세히 들으려고 하지 않습니다. 오히려 자기 말만 하고 끝이 납니다. 그러면 처음에는 소통하려고 했던 아이들도 입을 닫습니다. 왜냐하면, 내가 어떤 말을 하더라도 우리 선생님이 내 말을 듣지 않는다고 생각하기 때문이죠.

그런데 가르치는 교사 입장도 충분히 이해가 갑니다. 아이들을 만나는 짧은 시간 동안 어떻게든 말씀을 잘 가르쳐야 한다는 부담감을 가지고 있기 때문입니다. 청소년 사역자인 저도 그런 부담감을 항상 가지고 있습니다. 여러분, 하지만 아무리 잘 가르쳐도 일방적으로만 말하면 아이들은 잘 듣지 않습니다. 우리는 일방적으로 가르치는 것이 아니라 아이들과 소통하며 대화해야 합니다.

셋째, 아이들은 자기를 무시하는 교사를 꼰대라고 생각합니다.

아이들이 꼰대라고 생각하는 교사는 아이들을 무시하는 교사입니다. 아이들은 자기를 무시하는 교사를 좋아하지 않습니다. 예를 들어보겠습니다. 고3 학생 한 명이 저를 찾아와서 하는 말이 반 선생님에게 큰 상처를 받았다고 합니다.

학생: 목사님, 저 너무 속상합니다.

나: OO아. 무슨 일 있었어?

학생: 네. 반 선생님이 저한테 어떤 과를 지원했는지 물어보셨어요. 그래서 제가 간호학과에 지원했다고 말씀드렸어요. 그러자 선생님이 어떻게 네가 간호학과에 지원할 수 있냐면서 비꼬는 말투로 저를 놀

리셨어요. 저는 정말 일 년 동안 열심히 준비해 왔는데 어떻게 그렇게 말씀하실 수 있는 거죠?

나: 아 … 네가 많이 섭섭할 수 있었겠네. 아마도 선생님은 너를 무시해서 그런 뜻으로 말씀하신 게 아닐 거야. 저번에 선생님이 널 위해 기도하고 있다고 목사님한테 말씀하셨거든. 너무 섭섭해하지 말고 힘내자.

그 여학생이 화가 났던 이유는 반 선생님이 자기를 향해 무시하는 말투로 말을 했다고 생각했기 때문입니다. 그 여학생은 어릴 때부터 간호학과를 가고 싶어 목표를 세우고 열심히 공부했습니다. 드디어 고3이 되자 간호학과에 원서를 넣었습니다. 그런데 응원을 해 주셔야 할 선생님이 정작 무시하시니 여학생이 엄청 속상했던 것입니다. 이렇게 아이들은 선생님이 자기를 무시한다고 생각할 때 선생님 말씀에 귀를 기울이지 않습니다.

넷째, 아이들은 쉽게 화를 내는 교사를 꼰대라고 생각합니다.

교사가 실수하는 것 중 하나가 아이들에게 쉽게 화를 내는 것입니다. 아이들은 교사가 화내는 모습을 보면 큰 상처를 받습니다. 당연히 우리가 아이들 모습을 보면 실수투성이입니다. 아이들이 개념이 없는 것이 눈에 보입니다. 그래서 혼낼 것도 많고 주의를 줘야 할 것도 많습니다.

하지만 무턱대고 쉽게 화를 내면 아이들 마음에 큰 상처를 줄 수 있습니다. 교사는 아이들의 부족한 모습을 보더라도 바로 화를 내면서 지적하면 안 됩니다.

예전에 제가 아는 선생님이 한 분 계셨는데요. 아이들이 다 그 선생님을 피하고 힘들어했습니다.

그 이유가 무엇이었을까요?

왜냐하면, 그 선생님은 아이들이 실수라도 하거나 잘못하면 가차 없이 혼을 냈기 때문입니다. 우리가 아이들의 부족한 모습을 봤을 때 곧바로 화를 낸다면 아이들이 꼰대라고 생각하는 교사가 될 수 있다는 것을 명심해야 합니다.

2. 아이들이 좋아하는 교사는 누구일까요?

아이들이 좋아하는 교사는 조금 전 꼰대 교사의 반대 모습이라고 생각하시면 됩니다.

첫째, 아이들이 좋아하는 교사는 아이들에게 잔소리를 하지 않고 대화를 하려고 노력하는 교사입니다.

둘째, 아이들이 좋아하는 교사는 가르치려고 하지 않고 먼저 들으려고 하는 교사입니다.

셋째, 아이들이 좋아하는 교사는 자기를 존중해 주는 교사입니다.

넷째, 아이들이 좋아하는 교사는 쉽게 화를 내지 않고 인내하는 교사입니다.

그리고 아이들에게 어른으로 인정받는 교사들을 보면 공통점이 있습니다. 항상 아이들을 먼저 배려하고 존중하는 마음을 가지고 있습니다. 교사 마음속에 항상 배려와 존중이 있다 보니 아이들에게 배려와 존중이 자연스럽게 말과 행동으로 나오게 되는 것이죠. 아이들은 그런 교사의 마음과 행동을 누구보다 잘 알고 있습니다. 저는 여러분에게 마지막으로 묻고 싶습니다.

지금 여러분이 속한 부서에서 여러분은 어떤 선생님으로 불리고 있습니까?

4

목사님! 제 아들이 소주 5병을 마셨어요

얼마 전 점심때 밥을 먹으러 가는데 전화 한 통이 걸려 왔습니다. 그 전화는 고등부에 속해 있는 한 남학생의 어머니셨습니다. 전화를 받았는데 어머니께서 우시면서 저에게 하소연하셨습니다.

> 목사님, 제가 일을 마치고 집에 들어왔는데, 글쎄 제 아들이 집에서 친구들이랑 술을 마시다 취해서 뻗었습니다. 너무 속상합니다. 목사님 … 흑흑흑.

어머니께서 저에게 전화하시면서 아들 때문에 속이 상하셨는지 펑펑 우셨습니다. 어머니는 다른데 전화할 곳도 없고 기억나는 사람이 고등부 목사인 저밖에 없어 저에게 전화했던 것입니다. 저는 어머니를 진정시켜 드리고 소주를 마신 남학생에게 전화를 걸었습니다.

나: ○○아! 술은 좀 깼어?

학생: (시무룩) 네 …

나: 그럼 지금 만날 수 있어?
  목사님이 너희 집 앞으로 갈게.

학생: 네 …

  저는 그 남학생과 약속 시간을 잡고 남학생 집으로 차를 타고 갔습니다. 그 남학생을 만나기로 약속은 했지만, 제게는 한 가지 고민이 있었습니다. 그 남학생을 만났을 때 제가 어떤 말을 해 줘야 할지 도무지 감이 오지 않았던 것입니다. 그리고 도대체 얼마나 간덩이가 부었길래 집에서 소주를 마실 수 있었는지 궁금하기도 했습니다.

  시간이 흘러 잠시 뒤 그 남학생 집에 도착했습니다. 그 남학생은 집 앞에 나와서 저를 기다리고 있었습니다.

  여러분 제가 그 남학생을 차에 태우고 난 뒤에 제일 처음으로 했던 말은 뭐였을까요?

  "(호소하듯이) 이 녀석아! 어머니 힘들게 일하시는데 너 정신이 있냐 없냐, 정신 좀 차려, 너 언제 철들 거야?"

  이렇게 말을 했을까요?

  아니면 다음과 같이 말했을까요?

  "(화내면서) 어디서 머리에 피도 안 마른 게 벌써 집에서 소주를 마시냐, 너 목사님이 누군지 알지, 너 목사님한테 한번 혼나볼래?"

하지만 저는 그렇게 말하지 않았습니다. 저는 그 남학생을 차에 태우고 이렇게 말했습니다.

"어이구! 이 녀석아, 어머니한테 걸릴 거면 다른 데서 술 마시지. 속은 좀 괜찮냐?"

저는 그 남학생에게 하소연하듯이 말할 수도 있었고 아니면 화를 내면서 말 할 수도 있었습니다. 하지만 그렇게 하지 않았습니다. 왜냐하면, 제가 그렇게 말하면 그 남학생의 마음이 완전히 닫혀버릴 수도 있다고 생각했기 때문입니다.

제가 어머니 전화를 받고 그 남학생을 만나러 갈 때 처음 들었던 생각은 그 남학생이 참 철이 없다는 생각이 들었습니다. 어머니가 뒤늦게 은혜를 받고 예수님을 믿었습니다. 어머니가 예수님을 인격적으로 만나고 나니 사람이 완전히 변했습니다.

이제 어머니는 자기가 만난 예수님을 아들도 만나기를 원했습니다. 그래서 아들한테 "제자훈련 해라, 기도회 가라" 등 계속 신앙의 권면을 하셨습니다. 저는 그런 사정을 아니까 처음에는 그 남학생이 어머니 속도 모르는 철없는 아이로 밖에 보이지 않는 거예요.

그런데 이런 상태로 그 남학생을 만나면 그 남학생과 대화할 때 제 목소리가 엄청나게 커질 것 같았습니다. 공격적으로 변할 것 같았어요. 그래서 저는 생각을 다르게 해보기로 했습니다. 그것은 저의 시각으로 그 남학생을 바라보는 것이 아니라 그 남학생 편에서 바라보는 것이었습니다. 그렇게 그 남학생 편에서 왜 소주를 마셨는지 생각하자 몇 초 뒤 제 안에 이런 생각이 들었습니다.

'도대체 얘는 왜 집에서 어머니 몰래 친구들이랑 술을 마셨던 것일까?'

그 남학생 편에서 생각해 보자고 마음을 먹자 갑자기 그 남학생이 집에서 친구들을 불러 소주를 마신 이유가 궁금해졌습니다. 저는 그 일이 있기 몇 주 전 그 남학생을 만났었습니다. 그때 당시 그 남학생은 일 년 가까이 사귄 여자 친구가 있었는데요. 저는 그 남학생에게 안부 차 여자 친구에 대해 물어봤습니다. 그러자 그 남학생이 어색한 표정으로 저를 보더니 이렇게 말했습니다.

나: ○○아, 요즘 여자 친구랑 잘 사귀고 있어?

학생: (당황하며) 아 … 목사님 저 며칠 전에 여자 친구랑 헤어졌어요.

나: (당황하며) 여자 친구랑 헤어졌다고?
　　너 여자 친구랑 일 년 가까이 사귀었잖아. 왜 헤어졌어?

학생: (우물쭈물거리며) 저 … 여자 친구 주변에 남사친이 너무 많아요.

나: 남사친이 많다고?

학생: 네 … 여자 친구가 저 모르게 남자 친구들이랑 놀러 가고 그래서 자주 다퉜거든요. 여자 친구는 어릴 때부터 같이 학교 다닌 동창이라 괜찮다고 말하고 … 저는 신경 쓰이고 … 그래서 싸우다가 헤어지자고 했어요.

나: 어휴 … 나 같아도 힘들었겠다. 헤어져서 마음이 많이 힘들겠네 … 지금은 좀 어때?

학생: 잘 모르겠어요. 후련하기도 하고 섭섭하기도 하고 그래요.

나: 그렇구나 … 네 마음이 많이 힘들겠네. 기분도 꿀꿀한데 햄버거 콜?!

학생: 넵. 감사합니다!

그 남학생에게 왜 헤어졌냐고 물어보니까 여자 친구 주변에 남사친이 많아서 자주 싸웠다고 합니다. 그래서 저는 그 남학생이 오랫동안 사귄 여자 친구랑 헤어져서 속이 상해서 술을 마셨다고 생각했습니다. 그런데 그 남학생 말을 들어보니 그 이유로 술을 마신 게 아니었습니다. 그 남학생에게는 아무도 모르는 엄청난 비밀이 있었습니다.

나: ○○아. 어떤 일이 있었길래 소주를 그렇게 마셨어? 몸은 안 힘들어?

학생: 네 …

나: 무슨 일이 있었길래 우리 ○○이가 이렇게 술을 마셨을까 … 마음이 아프네 ….

학생: 목사님 … 제가 술 마신 이유가 있는데요. 전 누구에게도 말 못 할 가정사가 있는데요. 어릴 때 엄마가 이혼을 했어요. 그런데 그때 엄청 상처를 받았었어요. 아직 그때 기억이 제 마음속에 상처로 남아 있어요. 제 마음은 누가 위로해 주나요? 목사님 ….

나: (놀라며) 아 … 그랬구나. 네가 많이 힘들었겠네… 어휴 … 목사님은 몰랐네. 몰랐어 … 미안하다.

그 남학생에게는 아무에게도 말 못 할 가정사가 있었는데 어릴 때 엄마가 이혼했다고 합니다. 그 과정에서 그 남학생이 부모님에게 너무 큰 상처를 받았다고 합니다. 그리고 평소에는 괜찮은데 가끔 어릴 때 받은 그 충격과 상처가 생각나서 미쳐버릴 것 같다고 말했습니다. 그래서 그 남학생은 속이 너무 상해서 친구들을 집으로 불렀다고 합니다. 소주를 사 와서 마셨는데 그 남학생은 무려 소주 다섯 병을 마셨다고 합니다. 제가 그 남학생에게 물어봤습니다.

나: 너 이번이 처음이야?

친구: 아니요. 목사님. 이번이 두 번째예요. 첫 번째는 안 걸렸어요.

첫 번째는 엄마에게 걸리지 않고 잘 넘어갔는데 이번에는 술에 취해 곯아떨어져서 엄마에게 걸렸던 것이죠. 그러면서 그 남학생은 저에게 이렇게 말했습니다.

> 목사님. 저 엄마한테 아직 말씀드리지 못한 게 있는데요. 그때 부모님 이혼하시고 시간이 지나도 너무 힘들어서 초등학교 때 자살 시도를 한 적이 있어요. 그런데 아직 엄마는 제가 자살 시도 했다는 것을 모르세요. 만약 제가 자살 시도를 했다고 하면 엄마가 충격받으실 것 같아서 아직 엄마한테는 비밀로 하고 있어요. 어릴 때 받았던 그 상처 때문에 마음이 너무 힘들어요. 그래서 소주까지 마셨어요. 목사님, 제 마음은 누가 위로해 주나요?

저는 그 남학생의 말을 묵묵히 다 들어주었습니다. 그리고 그 남학생의 말이 다 끝난 뒤에 저는 말했습니다.

목사님이 아무리 네 마음을 이해한다고 해도 어떻게 네 아픈 마음을 다 이해할 수 있겠니. 그래도 목사님이 한 가지 알 수 있는 건 네가 정말 많이 힘들었겠구나.

이렇게 공감하며 위로해 주었습니다. 그러면서 어릴 적에 힘들었지만, 아무에게도 말할 수 없었던 제 아픔과 상처들을 말해 주었습니다. 그러면서 저는 그 남학생에게 이렇게 말했습니다.

○○아, 목사님도 마음이 힘들 때 다른 데서 위로받아도 마음에 위로가 안 되더라. 이럴 땐 하나밖에 없어. 오늘 저녁에 교회에서 목사님이랑 함께 기도하자!

저와 그 남학생은 저녁 8시 교회에서 만나 함께 기도했습니다. 저는 그날 저녁 그 남학생을 위해서 간절히 기도했습니다.

"하나님! 제가 할 수 있는 것이 없습니다. 하나님이 직접 이 아이를 만져 주시옵소서."

이렇게 함께 기도하는데 그 남학생이 눈물을 펑펑 쏟아내며 기도했습니다. 그 이후 저와 그 남학생은 이전보다 더 끈끈한 사이가 되었습니다. 서로를 더욱 신뢰하게 된 것이죠.

그런데 이 신뢰가 어디에서부터 시작되었냐면 바로 제가 그 남학생을 공감하는 데서부터 시작되었다는 것입니다.

저는 그 남학생에게 "나 때는 말이야"라고 말할 수 있었습니다. 아니면 "정신 차려, 어머니 고생하시잖아!"라고 말할 수도 있었습니다. 하지만 제가 택한 첫 번째 말은 "어쩌다가 들켰어? 안 들키게 마시지, 네가 많이 힘들었겠네"라고 위로했습니다. 이 말에 그 남학생도 마음이 열린 것입니다.

여러분, 이토록 공감이 중요합니다. 공감할 때 아이들이 변화됩니다. 공감할 때 아이들이 마음 문을 엽니다. 지금 여러분이 맡은 반 아이들이 침묵하고 있는 이유는 자기들과 공감해 줄 수 있는 어른을 만나지 못했기 때문에 마음을 열지 않고 있을 수 있다는 것을 기억하세요.

그렇다고 우리가 아이들의 마음 문을 열기 위해 노력하지 않는 게 아닙니다. 아이들과 소통하기 위해 정말 많은 노력을 하고 있지 않습니까?

직접 돈을 써가면서 비싼 음식점에 가서 맛있는 거를 사줍니다. 볼링장에 가서 볼링도 칩니다. 영화도 보여줍니다. 공과 공부 시간에는 열정을 다해 말씀을 가르칩니다. 아이들이 예수님 믿고 변화되길 원하는 마음에 내 시간과 물질을 아낌없이 투자합니다. 그런데도 아이들은 쉽게 마음 문을 열지 않습니다. 그 이유는 공감받지 못하기 때문입니다.

저는 지금까지 청소년 사역을 오랫동안 해오면서 여러 교회에서 많은 교사를 봐 왔습니다. 그런데 참 안타까운 것은 아이들을 진심으로 공감하는 교사를 거의 볼 수 없었습니다. 아예 공감하는 것 자체를 모르는 분들이 너무 많았습니다.

그렇다면 왜 어른들은 청소년을 공감하지 못하는 걸까요?

저는 왜 어른들이 청소년을 공감하기 어려운지 어느 정도 이해합니다. 왜냐하면, 어른들이 살아온 시대가 지금 아이들이 살아가는 시대와 너무 달랐기 때문입니다. 어른들은 청소년 시절에 어땠습니까, 공감이 웬 말입니까, 어른 말이면 무조건 따라야 했습니다.

학교 선생님이 하라고 하면 무조건 순종해야 했습니다. 반항이라는 것은 생각도 못 하던 시대를 살아왔습니다. 어른 말에 대꾸라도 하면 버릇없는 아이로 낙인찍히는 그런 시대를 살아왔습니다. 교사들이 아이들과 공감하지 못하는 가장 큰 이유는 지금껏 공감을 받아본 적도 없고, 어떻게 공감해야 하는지 배우지도 못했기 때문입니다.

제가 확신하면서 이야기할 수 있는 이유가 있습니다. 왜냐하면, 저도 그런 시대를 살아왔기 때문입니다. 저도 아이들을 전혀 공감하지 못했습니다. 공감하는 방법이 있다는 것조차도 몰랐습니다. 그래서 많이 헤매고 어려움도 겪었습니다. 그런데 지금이라도 늦지 않았습니다. 우리가 청소년을 어떻게 공감하는지를 배우면 우리는 달라질 수 있습니다.

자, 그렇다면 우리는 청소년을 어떻게 공감해야 할까요?

5

목사님, 아이들이 가정 교육을 어떻게 받았는지 모르겠어요!!

    청소년을 잘 공감하기 위해 우리가 반드시 알아야 할 첫 번째 공감 단계는 청소년 편에서 생각하는 것입니다. 즉, 내가 맡은 아이를 내 입장에서 생각하는 것이 아니라 아이 편에서 생각하는 것이죠.
    '이 아이가 왜 이런 말을 했고, 왜 이렇게 행동했을까?'
    이런 것을 먼저 생각해야 합니다. 그리고 이렇게 청소년 편에서 생각하는 것이 공감의 첫 번째 단계입니다.
    저도 조금 전에 소주를 5병 마시고 술에 취해 잠들었다는 남학생의 이야기를 들었을 때 처음에는 이런 생각이 들었습니다.
    '이 아이가 정신이 나갔나?'
    그런데 제가 그런 감정과 선입견을 품고 그 남학생을 만나면 꼰대가 될 것 같았습니다. 그래서 최대한 마음을 다스리고 기도하면서 남학생 편에서 생각하려고 노력했습니다. 그러자 마음속에 이런 생각이 들었습니다.

'도대체 어떤 일이 있었길래 대낮에, 집에서 친구들이랑 안주도 없이 소주를 다섯 병이나 마셨지? 정말 어려운 일이 있었나 보네.'

이런 생각이 들면서 오히려 아이가 불쌍해 보였습니다. 아이를 향한 측은함이 저의 마음속을 가득 메웠습니다.

여러분 청소년을 상담할 때 여러분 입장에서 생각하지 마십시오. 아이 편에서 생각하십시오. 우리 입장에서 생각하면 아이가 한심해 보이고 혈압이 상승합니다. 하지만 아이 편에서 생각하면 다시 한번 더 돌아보게 됩니다.

예전에 주일 예배를 마치고 아이들과 인사하고 있는데 선생님 한 분이 저에게 오시더니 하고 싶은 말이 있다고 했습니다.

교사: 목사님, 저 드릴 말씀이 있습니다.

나: 네. 선생님. 말씀하셔요.

교사: 목사님, 저희 반에 아이들이 다섯 명이 있거든요. 다른 애들은 다 말을 잘 듣는데 남학생 두 명이 말을 잘 안 들어요. 도대체 아이들이 집에서 가정 교육을 어떻게 받았는지 모르겠어요. 그 아이들 서로 떨어뜨릴 수 없나요? 한 명은 다른 반에 보내면 안 되나요?

나: 아. 선생님이 많이 힘드시겠어요. 부장 집사님과 함께 상의해 보겠습니다.

그 선생님이 저에게 와서 했던 말은 자기 반에 아이들이 다섯 명이 있는데 세 명은 말을 잘 듣는데 남자애 두 명이 말을 안 듣는다고 말했습니다. 그러면서 도대체 아이들이 가정 교육을 어떻게 받았는지 모르겠다면서 그 아이들을 서로 떨어뜨릴 수 없는지, 한 명을 다른 반에 보낼 수 없는지 물어봤습니다.

그 선생님 반에 있는 남자아이 두 명은 서로 친구였습니다. 남학생 한 명이 친구 한 명을 전도했습니다. 남학생이 전도한 새 신자 남학생은 일 년 동안 친구를 따라 교회에 잘 나왔습니다. 아무 기대 없이 교회에 갔는데 예쁜 여자애도 많고 중학교 때 친구도 많아 좋았다고 합니다. 그리고 무엇보다 학교에서는 느낄 수 없는 따스함이 있어 좋다고 했습니다. 그래서 그 남학생은 믿음은 없어도 교회 나오려고 토요일에 밤을 새우고 주일에 예배를 드렸습니다.

그 남학생은 매주는 아니더라도 한 달에 세 번 정도는 꾸준히 예배에 참석했습니다. 1학년 때는 반을 맡았던 담임 선생님이 그 남학생을 잘 챙기셨습니다. 어머니의 마음으로 품고 사랑해 주셨습니다. 매주 그 남학생 집 앞에 가서 남학생을 깨워 교회로 데리고 오셨습니다.

그런데 그 남학생이 2학년이 되면서 다른 선생님이 그 남학생을 맡게 되었는데 새롭게 맡은 다른 선생님의 눈에는 그 남학생이 가정 교육을 제대로 받지 못한 버릇없는 학생으로밖에 안 보였던 것입니다.

그 선생님 입장도 충분히 이해는 갔습니다. 그 남학생의 예배 태도가 좋지 못했습니다. 예배드릴 때 핸드폰을 하고 있거나 몰래 귀에 이어폰을 끼고 음악을 듣기도 했습니다. 그게 아니면 옆 친구와 이야기를 했습니다. 그 선생님도 처음에는 잘 챙겨 보려고 했지만 얼마 안 가서 폭발하고 말았던 것이죠. 그 선생님이 저를 찾아와서 화를 내면서 답답함을 토로했을 때 저는 그 선생님에게 한 가지 질문을 했습니다.

"선생님, 혹시 그 친구 집안 사정을 알고 계십니까?"

저의 질문을 받은 그 선생님은 뜨끔하는 표정을 짓더니 "네"라고 조용히 말했습니다. 제가 그 선생님에게 남학생 집안 사정을 물어봤던 이유가 있습니다.

하루는 저에게 전화 한 통이 걸려 왔습니다. 전화를 건 분은 그 새 신자 남학생을 전도한 친구 어머니셨습니다. 어머니께서 그 남학생 집안 사정을 이야기해 주시는데, 참 안타까운 상황이었습니다. 그 남학생은 부모님이 이혼하셔서 할아버지와 둘이 살고 있었습니다.

어머니는 연락도 안 되고 그나마 아버지랑은 연락이 되는데, 아버지와 사이가 좋지 않다고 했습니다. 할아버지는 치매가 있으셔서 일을 할 형편이 못 되었습니다. 그래서 그 남학생은 먹고살기 위해 학교를 마치고 고깃집에서 저녁 늦게까지 일을 한다고 했습니다. 그렇게 하루 벌어서 먹고사는 삶을 살고 있었던 것이죠.

그런데 그 남학생이 코로나19에 확진되어서 고깃집으로 일을 나갈 수 없게 되었습니다. 그 남학생은 일을 나가지 못하니까 먹을 걸 살 수 없었고 마냥 굶고 있을 수밖에 없었습니다. 그 소식을 들은 친구 어머니가 그 남학생이 먹을 반찬을 직접 만들어서 남학생 집 앞에 놔두고 왔다고 말해 주었습니다.

그러면서 친구 어머니가 그 남학생이 너무 불쌍하다면서 펑펑 우셨습니다. 자기도 어릴 때 힘들게 살았는데 그 남학생 모습이 자기 어릴 때 모습이랑 겹쳐서 마음이 아팠다고 합니다. 친구 어머니는 저에게 그 남학생을 잘 부탁한다고 말씀하셨습니다.

처음 저는 그 선생님이 남학생 집안 사정을 모른다고 생각했습니다. 안다면 가정 교육을 제대로 받았느냐고 말할 수 없을 거라 생각했습니다. 하지만 아니었습니다. 그 선생님은 작년에 반을 맡은 선생님에게 들어서 남학생이 힘들고, 어렵게 살고 있다는 것을 알고 있었습니다. 그런데도 그 선생님 눈에는 가정 교육을 제대로 받지 못한 버릇없는 아이로밖에 보이지 않았던 것입니다. 저는 그런 선생님 모습을 보면서 말문이 막혔습니다.

아이 가정환경을 알고 있는데도 가정 교육을 제대로 받지 못했다고 화를 내는 선생님에게 뭐라고 말을 해야 할지 고민했습니다. 결국, 담당 교역자인 제가 아이들을 직접 만나 타이르겠다고 이야기하기로 하고 대화는 끝이 났습니다.

그리고 며칠 뒤 저는 두 명의 남학생을 만나서 맥도날드에서 가장 비싼 햄버거를 사주면서 함께 동네를 돌며 드라이브했습니다. 혼을 내지 않았습니다. 다만 아이들의 이야기를 들어주고 함께 있어 주었습니다.

그 뒤로 그 남학생은 할아버지와 더 이상 함께 있을 수 없게 되어서 교회와 멀리 떨어진 곳으로 이사를 하게 되었고 더 이상 교회에 나오지 않았습니다. 저는 그 모습을 보면서 아이 편에서 바라보는 것이 얼마나 중요한 것인지 다시 한번 깨닫게 되었습니다.

여러분, 우리가 왜 아이들과 공감하지 못하는 줄 아십니까?

바로 아이들 편에서 생각하지 않고 내 입장에서 생각하기 때문입니다. 저도 아이들을 사랑한다고 생각했지만, 제 입장에서 생각하는 경우가 많았습니다. 하지만 저는 변하기로 했습니다. 내 입장이 아닌 아이 편에서 생각하려고 했습니다.

처음에는 아이들의 부족한 모습에 잔소리가 목 끝까지 올라왔습니다. 하지만 인내하고 계속 아이들 편에서 바라보니, 저의 시선이 점점 달라지기 시작했습니다. 그렇게 저의 시선이 변하니 아이들의 말과 행동도 변하기 시작했습니다.

여러분, 아이들은 선생님이 자기들을 향해 어떤 마음을 가지고 대하는지 너무 잘 알고 있습니다. 선생님이 나를 정말 사랑하는지, 아니면 무시하고 있는지, 아니면 관심조차 없는지 너무 잘 알고 있습니다.

기억합시다. 내 입장이 아닌 아이 편에서 생각하면 내 말과 행동이 정죄와 분노와 무관심에서, 사랑과 공감으로 변하게 되는 것을요. 공감의 첫 단계는 내 입장이 아니라 아이 편에서 바라보는 것입니다.

6

목사님, 아이들이 다 꿀 먹은 벙어리에요!

여러분, 공감의 두 번째 단계는 아이들 말을 경청하는 것입니다. 아이들이 왜 그렇게 말했는지, 왜 그렇게 행동했는지 들을 수 있는 경청하는 자세가 필요합니다. 많은 청소년 교사가 아이들과 마음을 터놓고 이야기하고 싶어 합니다. 그런데 문제는 정작 우리는 아이들의 말을 들으려고 하지 않는다는 것이죠. 우리 사역은 처음부터 끝까지 우리가 말을 하고 끝이 납니다.

여러분, 도대체 그 이유가 무엇일까요?

왜냐하면, 우리가 다른 사람 말을 듣는 훈련이 되어 있지 않기 때문입니다. 우리는 반드시 명심해야 합니다. 아이를 예수님에게 인도하려면 잘 가르치는 것도 중요하지만 잘 들어야 합니다. 그래서 우리는 교사로서 듣는 훈련을 꼭 해야 합니다. 그런데 이 말을 듣는 교사분 중에 저에게 이렇게 말할 수도 있습니다.

"목사님, 아이들한테 이야기하라고 했는데 아이들이 꿀 먹은 벙어리처럼 이야기하지 않아요!"

네. 여러분 말이 맞습니다. 아이들은 쉽게 말하지 않습니다. 아이들은 우리가 생각하는 것보다 훨씬 더 자기 마음을 열지 않습니다. 그렇기 때문에 우리는 아이들 말을 듣기 위해 인내심을 가지고 꾸준히 노력해야 합니다.

그렇다면 어떻게 하면 아이들 말을 들을 수 있을까요?

첫째, 아이가 편하게 이야기할 수 있는 분위기를 만들어야 합니다. 저는 아이들을 만날 때 여럿이 만나기도 하지만 아이들과 대화하기 위해 한 명씩 따로 만나기도 합니다. 아이들이 세 명 이상 모이면 아이들과 대화가 잘 이어지지 않더라고요. 그리고 여럿이 있으면 아이들은 자기 고민이나 문제를 이야기하지 않습니다. 그래서 저는 여럿이 만나기도 하지만 한 명 또는 두 명씩 만나기도 합니다.

저는 청소년 사역하면서 아이들을 많이 만나야 한다고 생각했습니다. 그래서 한 번에 만날 때 아이들을 최대한 많이 만나려고 했습니다. 하지만 아이들을 여럿이서 만나면 아이들과 깊은 대화를 할 수 없었습니다. 오히려 아이들끼리 이야기하고 시간이 끝이 났습니다. 저는 그 뒤부터 아이들을 한두 명씩 만나기 시작했습니다. 그러자 그때부터 아이들이 조금씩 자기 속에 있는 이야기를 하기 시작했습니다.

그리고 제가 아이들을 만나는 장소도 다양합니다. 차 안에서 드라이브하면서 만날 때도 있고 등하교 심방을 하면서 만날 때도 있습니다. 카페에서 만날 때도 있고 음식점에서 만날 때도 있습니다. 여기서 제일 중요한 건 제 시간에 맞추는 게 아니라 아이들의 시간에 맞춰야 한다는 것입니다. 아이들이 제일 편한 시간에 내가 맞춰야 합니다.

둘째, 꾸준히 만나서 들어야 합니다.

아까 소주를 다섯 병 마신 남학생이 자기 아픈 가정사를 저에게 이야기하기까지 단 한 번의 만남으로 된 것이 아닙니다. 저는 그 남학생에게 일 년 동안 사귄 여자 친구와 헤어졌다는 사실을 직접 들었을 정도로 그 남학생과 관계가 되어 있었습니다.

저는 그 남학생과 자주 만났습니다. 그 남학생이 학교 마치는 시간에 학교 앞에서 기다리고 있다가 집까지 데려다주었습니다. 그러면서 차 안에서 자연스럽게 남학생의 이야기를 들었습니다. 그 남학생도 처음에는 어색해했지만, 시간이 지날수록 편하게 자기 이야기를 하게 되었습니다.

여러분, 한 번의 만남으로 아이 고민을 들을 수 있다고 생각하지 맙시다. 우리는 아이들을 꾸준히 만나야 합니다. 꾸준히 만나다 보면 아이 마음도 조금씩 열릴 것입니다. 하지만 여기서 중요한 것이 있습니다. 아이들을 만났을 때 피해야 할 금지어가 있습니다.

"다음 주부터 교회 올 거지?"

이런 교회 나오라는 말은 아이와 깊은 관계를 쌓았을 때 이야기해도 늦지 않습니다. 우선은 목적을 두지 말고 꾸준히 만나십시오. 친구들이 서로 목적을 가지고 만나지 않는 것처럼 그냥 만나러 가는 것입니다.

그렇게 아이를 만났을 때 아이 편에서 생각하며 듣는다는 게 쉽지만은 않을 것입니다. 왜냐하면, 아이를 보면 부족한 것이 너무 많이 보이기 때문입니다. 개념 없는 것이 눈에 보입니다. 그래서 듣기보다 먼저 가르쳐야겠다는 마음이 앞설 수밖에 없습니다.

그런데도 우리는 먼저 들어야 합니다. 그래야 그 뒤에 훈육이 들어갈 수 있습니다. 내가 먼저 듣고자 발버둥을 쳐야 아이도 내가 하는 말에 수긍하게 됩니다. 내가 먼저 들어야 아이들이 고개를 끄덕이며 알겠다고 대답합니다.

코로나19가 심할 때 제가 아이들을 만났던 방법은 차로 동네 한 바퀴를 드라이브하는 것이었습니다. 마침 맥도날드에서 드라이빙 스루가 있어서 차에서 내리지 않고도 햄버거를 살 수 있었습니다. 그래서 햄버거를 사고 아이들이 햄버거를 먹을 동안 동네 한 바퀴를 돌면서 이런저런 이야기를 했습니다.

한 번은 학생 한 명을 차에 태우고 맥 드라이브로 가서 햄버거를 사주고 동네 주변을 돌면서 드라이브했습니다. 그 학생과 이런저런 이야기를 하다가 그 학생이 저에게 말하지 못했던 비밀이 있는데 이야기해도 되는지 조심스러워했습니다. 저는 괜찮으니까 말하라고 했습니다.

학생: 목사님, 저 비밀이 있는데요… 이걸 말해도 되나 모르겠어요….

나: 음 … 네가 그렇게 말하니까 더 궁금한데 … 말해도 돼. 목사님이 비밀을 지킬게.

학생: 네, 목사님. 저 … 예전부터 이성보다 동성을 볼 때 더 좋은 마음이 들었어요.

나: (엄청 당황) 아 … 그랬어?

학생: 네 목사님. 그게 옳은 게 아니라는 걸 저도 알고 있어서 정말 많이 힘들고 어려웠어요.

나: 그랬구나. 목사님도 네가 얼마나 힘들었을지 공감이 가네 ….

학생: 네, 목사님. 요즘엔 괜찮은데 제가 또 언제 그런 유혹에 휩싸일지 몰라 불안하기도 해요.

나: 그래. 우리 같이 기도하면서 하나님의 은혜를 구하자. 극복할 수 있어.

학생: 네, 목사님. 감사합니다.

여러분, 그 학생이 저에게 아무에게도 말하지 못한 고민을 말할 수 있었던 이유는 제가 평소에 그 학생을 꾸준히 만나서 그 학생의 이야기를 자세히 들었기 때문입니다. 제가 꾸준히 그 학생을 만나서 그 학생의 이야기를 듣고 공감하니까 그 학생도 용기를 내서 다른 사람에게 말하지 못했던 고민을 이야기했던 것입니다.

셋째, 아이와 했던 이야기는 꼭 비밀로 해야 합니다.

아이와 이야기할 수 있는 장소와 분위기를 만들고 아이의 말을 꾸준히 들었다면 그 뒤에 중요한 것이 하나 더 있습니다. 바로 아이와 이야기한 것은 절대적으로 비밀을 지켜야 합니다.

예를 들면, 아이가 청소년부 예배를 마치고 집에 왔는데 엄마가 다짜고짜 화를 내면서 이렇게 말했습니다.

엄마: 너 오늘 왜 예배 시간에 졸았어, 너 어제 몇 시에 잔 거야? 너 요즘 저녁 늦게까지 핸드폰 하는 거 같던데. 이제부터 토요일 저녁은 엄마가 네 핸드폰 들고 있을 거야.

학생: (당황하다 정색하며) 저 교회에서 안 졸았어요. 그리고 제가 교회에서 졸았다고 누가 그래요?!

엄마: 너네 반 선생님이 너 예배 시간 내내 졸았다고 하더라. 내가 그 말 듣는데 얼마나 부끄럽던지. 너 앞으로 계속 지켜볼 거야!

여러분, 앞으로 그 아이는 반 선생님에게 자기 고민을 말하지 않을 것입니다. 그런데 선생님 입장에서는 억울한 게 한둘이 아닙니다. 그 선생님은 평소에 반 아이어머니랑 서로 친한 사이였습니다. 그날도 예배가 끝난 후 자연스럽게 전화를 하다가 걱정하며 말했습니다.

"아이가 오늘 예배 때 많이 졸던데 요즘 피곤한 일 있어?"

그런데 아이어머니는 선생님의 의도와는 다르게 아이한테 화풀이하듯 말한 것입니다. 자~ 여기서 아이 입장에서 생각해 봅시다. 아이는 그 선생님이 엄마랑 평소에 친하다는 것을 잘 알고 있습니다. 그래서 가뜩이나 선생님이 불편한데 예배 마치고 돌아오자마자 엄마에게 예배 시간에 졸았다면서 혼이 난다면 아이가 선생님을 어떻게 생각하겠습니까?

그 아이는 앞으로 다시는 선생님에게 자기 고민이나 문제를 말하지 않을 것입니다.

아이가 여러분에게 어떤 말을 했을 때 아이가 허락하지 않는 이상 절대 비밀을 지켜야 합니다. 그럼, 아이도 안심하고 여러분에게 말을 할 수 있습니다. 만약 여러분이 다른 누군가에게 아이에 대해 말을 해야 한다면 아이한테 연락해서 허락받고 이야기해야 합니다.

저도 설교를 할 때 아이들 이야기를 한 번씩 할 때가 있는데 그럴 땐 먼저 아이들에게 이야기를 해도 되는지 꼭 허락받고 난 뒤에 이야기합니다.

여러분, 이 말을 조심해야 합니다.

"이거 비밀인데 너만 알고 있어, 다른 사람한테 말하면 절대 안 돼!"

이런 말이 모든 소문의 시작임을 기억하십시오. 아이와 했던 말은 꼭 비밀로 지킵시다.

7

목사님, 저도 아이들과 대화하고 싶어요!

공감의 세 번째 단계는 아이를 존중하는 마음을 가지고 대화하는 것입니다. 여러분이 아이 말을 다 들었다면 '지금까지 잘 참았으니 이제 내가 하고 싶은 말을 해야겠다'라고 생각하시면 안 됩니다. 여기서 아이 말이 끝났다고 하더라도 그 뒤에는 아이를 존중하는 마음을 가지고 함께 대화해야 합니다. 그러면 아이 태도가 180도 달라집니다.

자, 그렇다면 아이를 존중하는 대화는 과연 무엇일까요?

첫째, 가르치려고 하지 말고 대화를 합시다.

선생님들이 부담감을 가지고 있는 게 하나 있습니다. 많은 선생님이 아이들을 만났을 때 뭔가를 꼭 가르쳐야 한다는 부담감을 가지고 있습니다. 우리는 아이들을 만났을 때 가르쳐야 한다는 부담감에서 벗어나야 합니다.

저는 2022년 1월 『애들아! 하나님 감성이 뭔지 아니?』라는 책을 출간했습니다. 그 책에는 제가 평소에 아이들에게 하고 싶은 말을 다 적어놓았습니다. 청소년이 연애를 어떻게 해야 하는지, 미디어를 어떻게 봐야 하는지, 게임을 어떻게 해야 하는지 등등 아주 섬세하게 적었습니다.

선생님 한 명이 제가 쓴 『애들아! 하나님 감성이 뭔지 아니?』라는 책을 읽고 저에게 이렇게 말했습니다.

> **선생님:** 목사님, 저는 목사님이 부러워요.
>
> **나:** 네?
>
> **선생님:** 목사님은 아이들한테 하고 싶은 말도 마음껏 하시잖아요.
>
> **나:** (당황) 그게 무슨 말씀이신지 ….
>
> **선생님:** 저도 목사님이 쓴 책처럼 아이들한테 말해줄 건 말해줘야 하는데 계속 아이들 눈치를 보게 되네요
>
> **나:** (이해함) 아 … 그러셨군요 ….

그 선생님은 제가 쓴 책을 읽고 난 뒤에 목사인 제가 아이들에게 하고 싶은 말을 마음껏 한다고 생각했던 것입니다. 하지만 그것은 선생님의 큰 오해였습니다. 저는 아이들을 만나면 아이들이 저에게 먼저 신앙 이야기를 물어보지 않는 한 먼저 신앙 이야기를 꺼내지 않습니다.

저는 설교와 제자훈련 시간 외에는 아이들이 특별히 요청하지 않는 이상 절대 신앙 이야기를 먼저 하거나 가르치려고 하지 않습니다.

저는 아이들을 만나면 주로 일상 이야기를 합니다. 일상에서 일어났던 이런저런 이야기를 하는 것이죠. 그런데 많은 선생님이 아이를 만나면 꼭 신앙 이야기를 합니다. 아이들을 가르치려고 합니다. 그러면 아이가 부담돼서 다음부터 선생님을 만나려고 하지 않습니다.

그런데 선생님이 아이를 만났을 때 신앙 이야기를 먼저 하지 않고 아이 말을 들어주면서 일상에서 있었던 이야기를 하면 어떤 일이 일어나는지 아십니까?

'아~ 선생님도 나랑 같은 인간이구나.'

아이가 이렇게 생각하며 동질감을 느낍니다. 그리고 그 뒤부터 선생님을 향해 마음을 열기 시작합니다.

한 번은 아이들을 차에 태우고 드라이브를 간 적이 있었습니다. 그런데 마침 제 옆에 타고 있던 학생이 1학년 신입생이었습니다. 그 친구가 고등부에 올라온 지 얼마 되지 않았기에 해 줄 이야기가 너무 많았습니다. 그래서 막 신앙과 관련해서 이런저런 이야기를 하는데 뒤에 앉은 여학생이 그 모습을 보더니 옆에 친구 귀에다 대고 속닥속닥 이야기했습니다.

저는 그 여학생이 귓속말하는 것을 보고 눈치를 채고 이렇게 말했습니다.

나: ○○아, 너 방금 뭐라고 했는지 목사님이 맞춰볼까?

학생: 음 … 제가 뭐라고 했는데요?

나: 너 방금 목사님이 설교한다고 했지?

학생: (매우 놀람) 어떻게 아셨어요? 거기까지 들렸어요?

나: (쏠쏠해하며) 척하면 척이지!

    저는 옆에 아이에게 꼭 해줘야 하는 말이라서 이야기해 줬는데 오히려 아이들에게는 그것이 설교처럼 들렸던 것입니다. 저는 그 뒤로 아이들을 만나면 신앙 이야기를 먼저 하지 않습니다. 오히려 일상에서 일어났던 이야기를 하면서 아이 마음이 열렸을 때 신앙 이야기를 합니다.

    저도 처음엔 아이들을 만나면 신앙 이야기를 해줘야 하고 뭔가 좋은 가르침을 줘야 한다고 생각했습니다. 하지만 아니었습니다. 오히려 그럴수록 아이들은 저를 더 어려워했습니다. 그런데 제가 아이들에게 신앙 이야기를 하지 않고 가르치려고 하지 않으니까 오히려 아이들이 저를 부담 없이 만나 주었습니다.

    만약 반 선생님이 아이들을 만나서 매번 가르치려고 하고 '넌 이렇게 저렇게 살면 안 된다'라고 이야기하면 아무도 그 선생님을 만나려고 하지 않을 겁니다. 아무리 맛있는 것을 사줘도 만나려고 하지 않을 겁니다. 여러분, 가르치려는 부담에서 벗어납시다. 아이들을 편안한 마음으로 만납시다.

그렇게 편안한 마음으로 만나다 보면 아이들이 한 번씩 신앙에 대해 궁금한 것을 질문할 때가 있을 겁니다. 우리는 그럴 때 자연스럽게 신앙 이야기를 하면 됩니다. 아이는 이미 우리에게 마음이 열려 있기 때문에 그때는 어떤 신앙 이야기를 하더라도 아이는 우리의 말에 귀 기울일 것입니다.

둘째, 아이의 말을 인정해 주어야 합니다.

아이와 존중하며 대화하는 것은 먼저 아이 말을 인정해 주는 것입니다. 우리가 아이 말을 인정하고 존중할 때 아이는 우리에게 마음을 열 것입니다.

예를 들어 보겠습니다. 저는 청소년부에서 신앙훈련을 할 때 보통 제자훈련과 리더 반으로 나눠서 진행합니다. 제자훈련을 받은 친구들이 자연스럽게 리더 반으로 옮겨가서 양육을 받습니다. 보통 1학년 때 제자훈련을 받는 친구들은 2학년 때 리더 반으로 옮겨가서 졸업할 때까지 2년 동안 양육을 받습니다. 1학년 때 제자훈련을 받는 친구들은 3년 내내 신앙훈련을 받는 것이죠.

여러분, 신앙훈련을 3년 동안 받는다는 게 쉬울까요?

정말 쉽지 않습니다. 그런데도 아이들이 3년 동안 신앙훈련을 신청해서 받는 이유가 뭘까요?

이유는 단 하나입니다. 아이들이 신앙훈련을 통해 은혜를 받고 자기 신앙을 계속해서 관리할 수 있기 때문입니다.

그렇다면 제가 어떻게 해서 아이들이 기피하는 신앙훈련을 3년 내내 받을 수 있게끔 만들 수 있었을까요?

신앙훈련 때 아이들에게 맛있는 간식을 계속 사주는 것일까요?

아닙니다. 참고로 저는 신앙훈련을 하면서 아이들에게 단 한 번도 간식을 사준 적이 없습니다.

그렇다면 신앙훈련을 할 때 아이들에게 말씀을 워낙 잘 가르쳐서 그런 것일까요?

그것도 아닙니다. 아무리 말씀을 잘 가르쳐도 아이들은 금세 지루해합니다. 그리고 말씀만 가르치면 아이들이 다시는 신앙훈련을 받으려고 하지 않습니다.

그렇다면 도대체 어떻게 해야 아이들이 3년 내내 신앙훈련을 받으려고 하는 것일까요?

바로 아이들의 말에 공감하기 때문입니다. 저는 신앙훈련을 하면서 아이들에게 가르치는 것을 잘하기 이전에 먼저 공감을 잘해야 한다는 것을 깨닫게 되었습니다. 그래서 저는 아이들과 신앙훈련을 할 때 신앙훈련 전체 시간의 절반을 아이들과 함께 대화하는 데 사용합니다. 그리고 말씀을 가르칠 때도 일방적으로 가르치려고 하지 않습니다. 질문을 통해 아이들이 먼저 말할 수 있도록 합니다.

함께 삶을 나눌 때 보통 열 명의 아이가 있으면 한 시간 동안 나누는 시간을 가집니다. 그때 저는 아이들 말을 경청하면서 아이들과 눈빛을 맞추며 아이들 말을 인정하며 반응해 주며 공감합니다. 그럴 때 아이들 마음이 열리는 모습을 보게 됩니다. 즉, 말씀을 잘 받아들일 수 있는 마음 상태가 된다는 것이죠.

제가 신앙훈련을 진행할 때 아이들과 어떻게 대화하는지 예를 한 번 들어 보겠습니다.

나: 얘들아 우리 OO이가 한 주 동안 어떤 삶을 살았는지 다 함께 들어보자.

학생: 여러분, 저는 이번 주 너무 힘들었어요.

나: 음 … 그랬구나. 무슨 일이야, 혹시 이야기해 줄 수 있어?

학생: 네. 이번 주에 학교에서 진로 상담을 받았는데요.

나: 응.

학생: 진로 상담을 받는데 담임 선생님이 저한테 제가 가고 싶은 학교에 갈 수 있는 성적이 안 돼서 다른 학교를 살펴보자고 하셨어요.

나: 아 … 네가 마음이 많이 힘들었겠네.

학생: 네. 정말 많이 힘들었어요. 그래서 그날 저녁에 집에 와서 기도하는데 눈물이 너무 많이 나왔어요. 펑펑 울면서 간절히 기도했어요.

나: 그랬구나. 지금은 기분이 좀 어때?

학생: 네. 이제는 많이 괜찮아졌어요. 기도하면서 마음이 많이 평안해졌고 하나님이 저를 향하신 계획하심이 있음을 믿고 저를 인도해 주실 거라 믿어요. 끝입니다.

나: 그래. 너무 멋진 고백이다. (아이들을 향해) 애들아, 오늘 OO이 말했던 이야기 정말 공감이 많이 되는 것 같아. 그치?

학생들: (다 같이) 네!

나: 그래. 우리도 이렇게 힘들고 어려울 때가 있지만 ㅇㅇ이처럼 하나님 앞에 간절한 마음으로 기도하면서 나아가자. 하나님이 너희를 향해 특별한 계획하심이 있을 거라 확신해. 그리고 ㅇㅇ이 위해서 함께 꼭 기도하자.

아이들이 자기 이야기를 하고 있으면 저는 작은 거 하나라도 공감하고 인정해 줍니다. 그러면 아이들도 자기 이야기를 더 신나서 하게 됩니다. 여러분 기억하십시오. 아이들 말을 인정하고 공감해 주는 것이 엄청나게 중요하다는 것을요.

또 다른 예를 들어 보겠습니다. 반 학생이 공과 공부 시간에 핸드폰을 하고 있는 게 보입니다. 처음엔 '조금 있으면 주머니에 넣겠지'라고 생각하고 가만히 두었습니다. 그런데 그 학생은 시간이 지나도 핸드폰을 주머니에 넣지 않습니다. 선생님은 그 모습을 보고 '어떻게 저 친구에게 말해줘야 하나'라며 고민합니다.

이럴 때 우리에게는 여러 가지 선택지가 있습니다.

"ㅇㅇ아, 지금 공과 공부 시간이잖아. 핸드폰 주머니에 넣어줄래?"

이렇게 말하던지 아니면 이렇게도 말할 수도 있습니다.

"ㅇㅇ아, 핸드폰 빨리 넣어. 당장 압수해 버리기 전에!"

그런데 이럴 때 학생을 인정해 주면서 핸드폰을 넣게 하는 방법이 있습니다.

ㅇㅇ아, 지금 핸드폰 하는 거 보니까 엄청 바쁜 일이 있나 보네. 네가 얼마나 바빴으면 지금 핸드폰을 만지고 있었겠니.

"이제 연락은 다 끝난 거야? 그럼, 핸드폰 잠깐 넣고 선생님 말씀 좀 들어볼래? 넌 평소에 집중력이 좋으니까 잘 들을 수 있을 거야."

이렇게 아이를 인정해 주는 것이죠. 당연히 그 아이는 바쁜 일이 있었던 게 아닐 겁니다. 핸드폰으로 놀고 있었겠지요. 하지만 제가 여러분에게 말씀드리고 싶은 것은 대화할 때 아이를 인정해 주면 아이의 태도가 상당히 많이 달라진다는 것입니다. 그래서 저는 아이들과 대화할 때 제가 인정해 줄 일이 있으면 언제든 그것을 표현합니다.

"오늘 OO이가 예배 지각을 안 했네, 봐~ 마음먹으니까 너무 잘할 수 있잖아. 일찍 온다고 수고했어."

또는 이렇게 표현해 줍니다.

"오늘 학교에서 담배 피우다가 걸렸구나, 어이구, 조심 좀 하지. 목사님은 걱정이 된다. 네가 얼마나 많이 힘들었으면 학교에서 담배 피울 생각을 다 했을까. 오늘 학교 마칠 때 목사님이 학교 앞으로 갈게. 그때 목사님이 집까지 태워다 줄 테니까 같이 간식도 먹고 이야기하면서 가자!"

이렇게 아이를 인정해 줄 때 아이는 마음의 평안함을 느낄 수 있습니다. 그리고 우리에게 마음 문을 활짝 열게 됩니다.

8

목사님, 저 집 나왔어요. 가출했어요!

지금까지 공감의 3단계에 대해서 배워봤습니다. 그럼, 지금부터 실제로 아이들에게 어떻게 적용할 수 있을지 한 번 살펴보겠습니다.

예전에 주일 예배 때 고1 남학생 한 명이 보이지 않았습니다. 저는 예배를 마치자마자 그 남학생에게 전화했습니다. 그 남학생은 연락받자마자 저에게 이렇게 말했습니다.

나: ○○아, 오늘 예배 때 안 보이던데 무슨 일 있었어?

학생: 목사님, 저 집 나왔어요. 가출했어요.

나: 그게 무슨 말이야, 가출했다고?

학생: 네. 가출해서 교회에 갈 수 없었어요. 죄송합니다. 목사님.

나: 그러면 지금 어디에서 지내고 있어?

학생: 친구 집에서 지내고 있어요.

나: 우선 알겠어. 목사님이 나중에 다시 연락할게.

학생: 네. 목사님.

남학생 한 명이 교회에 안 보여서 연락했는데 가출했다는 충격적인 소식을 듣게 되었습니다. 남학생 부모님은 교회를 다니지 않고 있었기 때문에 부모님 연락처도 알 수 없었습니다. 원래 그 남학생은 오랫동안 교회를 나오지 않았던 장기 결석자였습니다. 저는 고등부에 올라온 고1 명단을 받고 그때부터 꾸준하게 그 남학생에게 연락했습니다.

저의 끈질긴 연락에 그 남학생이 감동하였습니다. 남학생은 저에게 자주 연락해 줘서 고맙다고 말했습니다. 그런데 중요한 건 그 남학생이 고마워는 하는데 교회는 계속 나오지 않았습니다. 교회를 안나오는 게 습관이 되어버렸던 것이죠. 한 번은 그 남학생을 만나서 햄버거를 사 주고 집으로 데려다주었습니다.

그 이후부터 그 남학생이 늦게라도 예배에 참석했습니다. 그런데 어느 날 예배 때 그 남학생이 보이지 않아서 전화를 했더니 가출했던 것입니다. 저는 그 남학생 가출 소식을 듣고 남학생을 만나야겠다고 생각했습니다. 며칠 뒤 저는 그 남학생이 다니는 학교 앞으로 찾아갔습니다. 학교에 도착한 지 10분쯤 지나자, 그 남학생이 학교에서 나왔습니다.

저는 그 남학생을 그대로 차에 태워서 맥도날드로 향했습니다. 여러분, 제가 그 남학생을 차에 태웠을 때 제일 먼저 뭐라고 말했을까요, 저는 그 남학생에게 이렇게 말했습니다.

엄마가 널 얼마나 속상하게 했으면 네가 가출할 생각까지 했을까. 네 마음이 무척 힘들겠네.

저는 그 남학생을 만났을 때, '가출하면 너만 고생이야. 빨리 들어가'라고 말할 수 있었습니다. 아니면 '너 왜 그렇게 철이 없니, 집 나오면 엄마가 얼마나 걱정하시겠어. 집에 빨리 들어가자'라고 말할 수도 있었습니다. 하지만 저는 그렇게 말하지 않았습니다.

오히려 그 남학생의 속상한 마음부터 공감해 주었습니다. 아마도 이야기를 계속 들어보면 가출한 남학생의 잘못한 부분도 분명히 있었을 것입니다. 하지만 그 부분은 건드리지 않았습니다. 우선 그 남학생의 속상한 마음부터 위로해야 남학생이 저에게 마음을 열고 제 말에 귀를 기울이겠다고 생각했기 때문입니다.

그 남학생을 만나고 저는 햄버거를 사주고 마음이 매우 힘들겠다며 위로해 주고 목적지까지 데려다주었습니다. 그리고 그 이후에도 가출한 남학생을 두 번 더 직접 만났습니다. 저는 그 남학생을 만날 때마다 가출에 대해 한 번도 말하지 않았습니다.

다만 그 남학생이 가출하기까지 얼마나 속상했을지 공감해 주었습니다. 그리고 세 번째 그 남학생을 만났을 때, 왜 엄마랑 싸우게 되었는지 물어보았습니다. 그러자 남학생이 이유를 말해 주었습니다. 아침에 엄마가 출근할 때 따뜻하게 해 주려고 차에 시동을 켜놓고 학교에 갔다고 합니다. 그 때문에 차는 고장이 났고 차 수리비가 200만 원이 넘게 들었다고 했습니다.

엄마는 무척 화가 났고 그 남학생에게 심하게 혼을 냈습니다. 그 남학생은 자기가 잘못한 건 알지만 그래도 엄마를 생각해서 한 일인데, 너무 서럽고 억울해서 엄마한테 내뱉고 싶을 가출했던 것입니다. 저는 그 말을 다 듣고 딱 한 마디만 했습니다.

OO아, 목사님도 엄마랑 싸웠던 적이 있는데 싸우고 빨리 풀지 않으면 나중에는 더 풀기 힘들더라. 목사님은 네가 엄마랑 화해했으면 좋겠어. 네가 먼저 용서를 구해봐.

그리고 그 남학생과 헤어졌었습니다. 그다음 날 그 남학생에게 연락이 왔습니다.

학생: 목사님 바쁘세요?

나: 응 바빠.

학생: 목사님 좋은 소식이 있어요.

나: 먼데?

학생: 저 어머니랑 화해했어요.

나: 오~ 잘했어.

학생: 목사님 말씀 듣고 계기 먼저 어머니한테 용서를 구했어요.

나: 잘했어. 잘했어.

학생: 어머니도 미안하다고 하시더라고요. 목사님 정말 감사합니다.

나: 너무 잘 됐다. 집에 꼭 들어가고 다음 주에 교회에서 더 자세하게 말해줘!

학생: 네 목사님.

그 남학생은 제 말을 듣고 집으로 가서 어머니께 용서를 구했습니다. 그러자 어머니도 아들에게 사과했다고 합니다.

여러분 어떻습니까?

저는 가출한 남학생을 만나면서 공감의 세 가지 단계를 모두 적용했습니다. 먼저 남학생을 만나서 그 남학생 편에서 위로해 주고 공감해 주었습니다. 그리고 남학생 말을 경청했습니다. 그 이후에는 남학생 말을 무시하듯 말하지 않고 존중하며 대화했습니다.

그러자 그 남학생은 이렇게 마음 문을 열었다고 생각됩니다.

> 이 어른은 다른 어른들이랑 다르네. 내가 존경하고 의지할 수 있는 어른이구나.

여러분, 공감은 어려운 것이 아닙니다. 누구나 다 할 수 있습니다. 예수님을 사랑하고 아이들을 사랑하는 마음만 있으면 다 할 수 있습니다. 우리 함께 아이들과 공감합시다.

9

여러분은 어릴 때 어떤 상처를 받으셨나요?

우리가 아이들을 바라볼 때 아이들의 부족한 모습을 보면 공감해야 한다는 것을 알면서도 분노가 일어날 때가 있습니다. 아이들이 잘못했을 때 보듬어 주고 위로해 줘야 하는데 오히려 내 안에 알 수 없는 분노가 올라옵니다.

그럴 때 우리는 이렇게 생각해 보기도 합니다.

'나에게 어떤 문제가 있어서 그런 것은 아닐까?'

그러나 왜 그런지 이유를 알 수 없습니다. 그런데 우리가 아이들과 공감하지 못하고 우리 안에 분노가 일어나는 이유는 어린 시절에 내가 부모님에게서 받았던 상처와 아픔 때문일 수 있습니다.

저에게는 딸이 세 명 있습니다. 세 명 모두 초등학생입니다(초6, 초3, 초1). 제가 딸이 세 명 있다고 하면 많은 분이 저에게 이렇게 말씀하십니다.

"딸이 세 명이라 너무 행복하시겠어요."

그럴 때마다 저는 웃으면서 이렇게 말합니다.

"딸 키우는 거 쉽지 않네요."

여러분, 제가 웃으면서 이야기하지만, 딸 키우는 게 쉽지 않다는 말은 진심입니다. 여자애들 세 명이 모이면 얼마나 시끄러운지 아십니까, 장난이 아닙니다. 셋이 모여서 잘 지내기라도 하면 좋은데 서로 놀다가 시간이 조금 지나면 서로 싸우고 있는 모습을 자주 볼 수 있습니다.

몇 년 전까지만 해도 첫째(초6)와 둘째(초3)가 많이 싸웠습니다. 첫째는 혼자 놀고 싶은데 둘째가 계속 언니랑 같이 놀고 싶어 했습니다. 둘째가 언니랑 같이 놀자고 해서 첫째가 같이 놀아 주면 그 뒤부터 문제가 생기기 시작했습니다. 왜냐하면, 둘째가 자기 마음대로 하려고 했기 때문입니다. 예를 들어, 첫째와 둘째가 소꿉놀이하면서 서로 상황극을 할 때였습니다.

둘째: 언니. 우리 소꿉놀이하자!

첫째: 소꿉놀이? 음 … (하기 싫은데 …) 그래 좋아.

둘째: 언니. 내가 엄마 할 테니까 언니가 아빠 해 줘!

첫째: 아빠?(당황) 알겠어.

둘째: 자~ 그럼 시작한다. 여보, 오늘 하루도 수고하셨어요. 오늘 여보가 좋아하는 찌개를 끓여놨어요.

첫째: 우와. 맛있겠다. 빨리 주세요.

둘째: 언니, 이럴 때는 그렇게 말하지 말고 어떤 찌개인지 물어봐야지!

첫째: (빈정상함)그래? 알겠어.

서로 대화를 주고받아야 하는데 둘째가 언니가 해야 하는 말까지 가르쳐 줍니다. 그럼 첫째 입장에서는 재미가 하나도 없습니다. 자기도 상황극에 참여하면서 대화를 하고 싶은데 둘째가 이렇게 하라, 저렇게 하라고 하면 소꿉놀이를 같이하고 싶은 마음이 뚝 떨어지는 것이죠.

그래서 첫째가 초반에는 둘째가 하라는 대로 해 주다가 나중에는 안 놀려고 합니다. 그럼 둘째가 울면서 언니가 안 놀아 준다고 하면서 막 떼를 쓰는 것입니다. 지금은 상황이 완전히 바뀌어 버렸습니다. 첫째는 많이 컸고 둘째와 셋째가 똑같은 이유로 싸우고 있습니다.

그런데 여기서부터가 중요합니다. 애들이 서로 울면서 떼를 쓰면서 싸우는 모습을 볼 때 제가 필요 이상으로 너무 크게 분노하고 있다는 것을 알게 되었습니다. 아이들이 놀다가 떼를 쓰기도 하고 싸우기도 하는 건 당연한 겁니다. 그런데 그런 모습을 보면 제 안에 분노가 너무 강하게 일어나면서 심하게 아이들을 혼냈습니다. 훈육이라는 핑계로 아이들에게 고함을 지르며 분노를 표출하는 저의 모습을 볼 수 있었던 것이죠.

저는 남중, 남고를 나왔는데요. 남중, 남고에서 흔하게 볼 수 있는 게 바로 싸움 구경이었습니다. 특히, 중학교 때는 하루에 몇 번씩 싸움이 일어날 정도였습니다. 남학교에서 싸움이 일어나면 다른 학생들이 그 주변을 자연스럽게 둘러쌌으며 두 학생이 싸우는 모습을 지켜보았습니다. 그런데 그 당시 저는 싸움이 나면 싸우는 아이들 틈으로 비집고 들어가 서로 싸우지 못하게 뜯어말렸습니다.

그런 저를 향해 친구들은 "맥이 넌 왜 그렇게 착하냐?"라고 말했습니다. 저도 그때는 제가 착한 줄 알았습니다. 그래서 싸움이 났을 때 뜯어말리는 게 제가 해야 할 일이라고 생각했습니다. 그런데 그게 아니었습니다. 시간이 지나고 보니 제가 착했던 게 아니라 저는 단지 아이들이 싸우는 게 너무 싫었던 것입니다.

저는 친구들이 서로 싸우는 걸 무척 싫어했습니다. 특히, 싸움의 이유가 정당하지 못했을 때, 그래서 강한 친구가 약한 친구를 괴롭힐 때 그 모습을 보면 제 안에 분노가 올라왔습니다. 처음엔 제 안에 왜 이렇게 분노가 올라오는지 몰랐습니다. 어른이 되어 청소년 사역하면서 청소년에 대해 공부를 하다가 제 안에 분노가 왜 그렇게 많았는지 이유를 알 수 있었습니다.

그 이유는 제가 어렸을 때 받았던 아픔과 상처 때문이었습니다. 저는 어릴 때 아버지에 대한 상처가 있었습니다. 저의 아버지는 젊으실 때 성격이 불같았습니다. 운동도 많이 하셔서 상당히 강하셨습니다. 평소에는 인자하신데 한 번 화가 나면 그 누구도 말릴 수 없었습니다.

아직도 어릴 때 기억이 생생합니다. 친척을 포함해 온 가족이 추석날 다 모여서 바닷가에 놀러 간 적이 있었습니다. 그때 아버지가 사진을 찍고 있었는데 저도 사진을 너무 찍고 싶었습니다. 저는 아버지에게 사진을 찍고 싶다고 말했지만, 아버지는 안 된다고 하셨습니다.

아마 어린 제가(당시 초3) 사진을 찍다가 사진기를 고장 낼 수도 있다고 생각하셨던 것 같습니다. 저는 아버지의 안 된다는 말씀에 실망해서 인상을 씨푸렸습니다. 그렇게 바닷가에서 다 놀고 집으로 돌아갈 때 저는 아버지의 옆자리에 앉았습니다.

아버지는 저를 보시더니 아까 사진을 찍지 못하게 했을 때 제가 아버지를 향해 욕을 했다고 말씀하시며 화를 내셨습니다. 그러면서 갑자기 제 머리를 주먹으로 사정없이 때리셨습니다. 옆에 있던 사촌형이 다급하게 저를 차에서 내려놓지 않았다면 저는 병원에 실려 갔을지도 모릅니다. 그때 어머니는 그런 아버지한테 왜 아이를 때리느냐며 화를 내셨습니다. 그러자 아버지는 화가 난 채로 어머니까지 밀치셨습니다.

저는 그 당시 모든 것이 거짓말처럼 느껴졌습니다. 어머니는 그날 집을 나가서 외할머니댁으로 가셨습니다. 친척들도 모두 집으로 돌아갔습니다. 집에는 아버지와 누나 나 이렇게 셋만 남겨졌습니다. 그리고 아버지는 저를 향해 무심한 표정으로 이렇게 말씀하셨습니다.

"네가 그때 욕하지만 않았어도 이런 일은 일어나지 않았을 거다."

저는 너무 억울했습니다. 왜냐하면, 저는 욕을 하지 않았으니까요. 하지만 아버지가 무서워서 아무 말도 할 수 없었습니다. 며칠 뒤에 어머니는 다시 집으로 돌아오셨습니다. 가정도 평안을 찾아갔습니다. 하지만 그때 제가 받은 충격과 상처와 아픔은 오랫동안 지속되었습니다.

저는 그 이후부터 아버지 눈치를 보기 시작했고 혹여나 아버지가 또 화를 내지 않으실지 언제나 마음을 졸였습니다. 그리고 저는 앞으로 결혼해서 자녀를 낳으면 절대로 때리지 않겠다고 다짐했습니다.

지금은 그럴 수밖에 없었던 아버지를 이해합니다. 아버지가 살아왔던 세월이 너무나 힘들고 어려웠다는 것을 알고 있기 때문입니다. 아버지는 돈을 벌기 위해 어린 나이부터 배를 타셨습니다. 일곱 남매의 장남이셨는데 배를 타면서 동생들 뒷바라지를 하셨습니다.

특히, 돈을 벌기 위해 외국에 나가서 배를 타셨는데 하루는 집에 전화가 한 통 걸려 왔습니다. 교회를 같이 다니는 분이 아침에 뉴스를 보고 지금 빨리 뉴스를 보라는 것이었습니다. 뉴스를 보니까 이탈리아에서 크리스마스 당일에 한국 배가 침몰했다는 소식이었습니다.

총 20명의 선원이 배에 타고 있었는데 그중 10명의 선원이 사망하고 10명의 선원이 구조되었다는 소식이었습니다. 그리고 침몰한 배는 아버지가 타고 있던 배였습니다. 다행히 아버지는 물에 빠졌다가 구사일생으로 구조되었습니다.

제가 아버지에게 맞았던 그 당시(내가 초3)에도 집안 사정이 아주 힘들었습니다. 우리 가족은 그때 어느 교회 안에서 살고 있었습니다. 아버지께서 잠시 배를 타지 않으시고 교회에서 관리 집사로 일 년 동안 일을 하셨습니다.

지금 생각해 보면 제가 당시에 배가 고프다고 징징거리자, 어머니가 돈이 없어서 먹을 것을 사지 못해 한탄해 하시던 모습이 머릿속에 생생하게 기억납니다. 그만큼 아버지는 순탄치 않은 어렵고 힘든 삶을 살아오셨고 그 과정에서 많은 아픔과 상처가 있었습니다.

그런데도 아버지는 가족을 먹여 살리기 위해 최선을 다하셨습니다. 수십 년이 넘는 긴 시간을 배를 타시면서 고독과 싸웠습니다. 나중에 녹내장이 걸려서 배를 탈 수 없을 때까지 계속해서 배를 타셨으니까요. 그리고 아버지는 화가 나면 무서운 분이셨지만 평소에는 인자하셨고 저를 무척이나 사랑하셨습니다.

저는 그런 아버지를 오랫동안 사랑해 왔고, 존경해 왔으며 지금도 그 마음은 변함이 없습니다. 여전히 저에게 최고의 아버지이십니다. 하지만 어릴 때 저는 아버지를 존경하고 사랑하면서도 아버지가 또 화를 내지 않으실까 하는 걱정이 늘 마음속에 있었습니다. 그래서 아버지가 배에서 집으로 돌아오시는 날에는 늘 아버지 눈치를 봤습니다. 어떻게든 아버지가 화나지 않도록 해야겠다고 생각했던 것입니다.

여러분, 제가 밝히고 싶지 않은 저의 과거 아픔을 여러분에게 밝히는 이유가 있습니다. 여러분에게도 이런 상처와 아픔 때문에 내가 맡은 학생을 사랑으로 품지 못하고 있을 수 있기 때문입니다. 여러분도 어릴 때 받았던 상처가 아직도 가슴속 깊이 자리 잡고 있을 수 있습니다. 평소 생활할 때는 괜찮습니다. 그런데 청소년의 버릇없는 태도를 보면 분노가 올라오는 것입니다.

사실 저는 아버지를 향한 저의 상처와 아픔이 예수님을 인격적으로 만나서 다 치유됐다고 생각했었습니다. 그런데 아직 저의 마음 깊은 곳에서 어릴 때 겪었던 그 상처가 쓴 뿌리로 여전히 남아 있었습니다.

저는 아내와 딸들에게 단 한 번도 폭력을 쓰진 않았지만, 화가 나면 아내와 딸들에게 상처 주는 말을 하곤 했습니다. 그리고 아내는 그런 저에게 물리적인 폭력보다 더 큰 상처를 받는 게 말로 인한 폭력이라고 말했습니다. 저는 이대로는 안 된다고 생각했습니다.

저는 마음속 깊은 분노와 상처까지도 예수님 안에서 내려놓고 싶다고 기도했습니다. 그러자 놀라운 일이 일어났습니다. 제 안에 있던 상처와 아픔을 이해하고 예수님 안에 내려놓으니까 제 안에 분노로 남아 있었던 상처와 아픔들로부터 자유롭게 될 수 있었으며 오히려 아이들을 더 사랑할 수 있게 되었습니다.

여러분은 어떨 때 마음속에 분노가 올라오나요?

저는 여러분이 어린 시절에 받았던 아픔과 상처를 예수님 안에서 내려놓고 용서하기를 원합니다. 그럴 때 여러분 내면에 치유가 일어날 것입니다. 아이들을 새롭게 바라보고 품을 수 있게 될 것입니다.

10

목사님, 부모님이 저 때문에 싸우시는 것 같아 미치겠어요!

예전에 고등부 선생님 한 분이 고민이 있다면서 저를 찾아왔습니다. 반에 남학생이 한 명 있는데 요즘에 부쩍 예배 태도가 좋지 않다고 말씀하셨습니다. 예전에 그 남학생은 찬양도 열심히 하고 말씀 시간에도 잘 집중했는데 요즘에는 예배 시간에 고개를 푹 숙이고 있다고 했습니다.

공과 공부 시간에도 곧잘 대답을 잘하던 모범 학생이었는데 요즘엔 공과 공부 시간에 핸드폰만 하고 있어서 속상하다고 하셨습니다. 처음에 그 선생님은 핸드폰을 하는 그 친구를 참아 주고 기다려 주었는데 그 남학생은 시간이 지나도 변하지 않았습니다.

계속 침묵다가는 반 분위기가 안 좋아질 것 같아 고민 끝에 공과 공부 시간 때 그 남학생에게 이렇게 말했다고 합니다.

선생님: ○○아, 선생님이 요즘 보니까 너 예배 시간에는 계속 고개만 숙이고 있고 반별 모임 시간에는 핸드폰만 하고 있는데 그렇게 하면 되

겠니? 네가 계속 그러면 선생님이 너무 실망할 것 같아. 무슨 일 있어?, 왜 그래 요즘?

학생: (고개를 푹 숙이며) 아무 일도 없어요. 열심히 하겠습니다.

선생님: 그래. 선생님은 네가 예전처럼 열심히 했으면 좋겠다. 예배를 잘 드려야 은혜도 받을 수 있는 거야. (반 아이들을 향해)너희들도 잘 들어야 해! 예배 때 최선을 다해야 하나님이 우리에게 은혜를 주시는 거야. 선생님은 너희가 정말 잘 됐으면 좋겠어. 다들 예배 시간에 최선을 다해 보자. 알겠지?

반 학생들: 네, 알겠습니다!

선생님은 저에게 요즘 남학생의 예배 태도가 너무 나빠졌다면서 무슨 일이 있는지 한 번 만나달라고 했습니다. 저는 알겠다고 말하고 며칠 뒤에 그 남학생을 만났습니다.

나: ○○아~ 요즘 어때, 잘 지내고 있어?

학생: 아~ 네. 목사님 잘 지내고 있어요.

나: 그래. 우리 오랜만에 만났다 그치?

학생: 네. 목사님 ….

나: 오늘 ○○이 기분은 어때?

학생: 잘 모르겠어요.

나: 잘 모르겠다고. 흠 … 왜 우리 ○○ 이가 잘 모르겠다고 말했을까?

학생: 음 … 요즘 기분이 별로 안 좋아요.

나: 음. 무슨 일인지 목사님한테 말해 줄 수 있어?

학생: 집에서요. 부모님이 저에게 짜증을 내는 빈도수가 너무 많아지고 있어요.

나: 부모님이?

학생: 네. 부모님이 요즘 돈 때문에 많이 싸우시거든요. 제 학원비만 해도 한 달에 50만 원 넘게 들어가는데 … 꼭 저 때문에 싸우시는 것 같아서 마음이 너무 힘들어요. 그렇다고 제가 공부를 잘하는 것도 아니라서 … 이렇게까지 학원에 다녀야 하는지 생각이 들어요. 그런데 또 학원을 안 다니면 지금보다 더 못하게 될까 봐 걱정돼요. 부모님이 돈 때문에 안 싸우셨으면 좋겠어요.

나: 아 … 그랬구나. 네 마음이 아주 속상했겠네. 부모님이 돈 때문에 싸우시는 게 꼭 너 때문인 것 같아서 말이야. 어휴. 지금까지 어떻게 참았어.

학생: 네 … (울면서) 목사님. 정말 힘들어요. 부모님이 돈 때문에 안 싸우셨으면 좋겠어요. 그래서 주일에 예배드릴 때 부모님이 안 싸우게 해달라고 기도했는데요. 하나님이 기도를 안 들어 주시는 것 같아요.

나: 흠 … 그랬구나. 네가 지금 많이 힘들겠네. 우리 함께 기도하면서 고민해 보자.

그 남학생이 예배 태도가 좋지 않았던 이유는 부모님 다툼 때문이었습니다. 그래서 교회에 와서도 예배 시간에 고개를 푹 숙이고 있었으며 공과 공부 시간에도 집중하지 못하고 핸드폰을 하고 있었던 것입니다.

　우리가 아이들을 대할 때 반드시 명심해야 할 것이 있습니다. 아이 행동을 보고 먼저 판단하지 말고 아이의 현재 감정을 먼저 이해해 줘야 합니다. 아이 행동만 보면 우리는 화가 날 수 있습니다. 하지만 아이가 왜 그렇게 행동했는지 생각하면 매우 다르게 반응할 수 있습니다.

　아까 그 남학생이 평소에 예배 태도가 좋다가 어느 순간부터 예배 시간에 고개를 푹 숙이거나 공과 공부 시간에 핸드폰을 하고 있다면 먼저 그 학생 행동에 관해 이야기하는 것보다 그 학생의 감정을 이해해 줘야 합니다. 그럴 때 그 학생이 자기감정을 이해하고 풀어나갈 수 있습니다. 하지만 우리는 아이들의 감정을 이해하기보다 행동을 보고 먼저 판단하기 때문에 아이들과 서로 대화가 통하지 않는 경우가 많습니다.

　아이들이 예배 시간에 고개를 푹 숙이고 있거나 공과 공부 시간에 핸드폰을 하고 있으면 개념 없는 아이, 버릇없는 아이로 밖에 보지 못하는 것이죠. 그런데 아이 행동이 아닌 감정을 먼저 이해하려고 하면 저 아이가 왜 고개를 푹 숙이고 있는지, 왜 핸드폰만 하고 있는지를 생각하게 되고 대화의 물꼬를 틀 수 있게 되는 것입니다.

> 11

목사님, 저희끼리 연습하는 건데 왜 그러세요?

몇 년 전, 고등부에서 사역했을 때 실제로 있었던 일입니다. 그 교회에서는 해마다 크리스마스가 되면 부서에서 크리스마스 발표회를 했습니다. 고등부에서도 이에 맞춰 해마다 뮤지컬을 준비해서 발표했는데, 고등부는 크리스마스 성탄 발표의 하이라이트인 가장 마지막 순서였습니다. 뮤지컬은 해마다 고3들이 발표회 전체를 준비했는데 그 이유는 수능이 다 끝나서 제일 여유가 많았기 때문입니다.

그 당시도 크리스마스가 얼마 남지 않은 시기였습니다. 고3 아이들도 자기들이 뮤지컬을 해야 한다는 것을 잘 알고 있기에 나름대로 준비에 들어간 것 같았습니다. 그런데 며칠 뒤에 저에게 전화 한 통이 걸려 왔습니다. 전화를 한 사람은 고3 남학생이었습니다.

학생: 목사님, 저 말씀 드릴 게 있는데 통화 괜찮으세요?

나: 응, 괜찮아. 무슨 일이야?

학생: 목사님, 저희 뮤지컬 하는 거 있잖아요.

나: 응. 그래 뮤지컬 준비는 잘 돼가고 있어?

학생: 저 … 그게 … 뮤지컬 때문에 전화를 드렸는데요. 사실 지금 문제가 좀 있어요.

나: (놀람) 무슨 일 생겼어, 서로 싸운 거야?

학생: 싸운 건 아닌데요. 지금 몇몇 아이 중심으로 뮤지컬을 준비하고 있는데요. 그 아이들이 저희한테는 전혀 의논도 하지 않고 대본도 짜고 있고요. 그 애들이 연습하라고 준 영상을 봤는데 저희가 하기엔 너무 어렵고 힘들더라고요. 그리고 지금 특성화고에 다니는 남학생들이 많이 있거든요. 다들 오후 늦게 마치는데 연습 시간을 인문계에 다니는 학생들 시간에 맞춰서 연습 시간에 제때 갈 수도 없어요. 지금 좀 많이 답답합니다. 목사님.

나: 그랬구나. 문제가 있었네. 잠시만 기다려 봐. 목사님이 다시 전화 줄게.

학생: 네. 목사님. 감사합니다.

그 남학생 이야기를 들어보니까 아이들끼리 서로 소통이 필요해 보였습니다. 저는 이 문제를 어떻게 해결할지 고민하다가 한 가지 방법을 생각했습니다. 크리스마스 발표 준비를 위해 고등부 선생님 한 분을 세워서 선생님 지도에 따르게 하는 것이었습니다.

그래서 주일 고등부 예배가 끝난 뒤에 고3들을 다 불러 모아 놓고 고등부 찬양팀 선생님 지도 아래 뮤지컬 연습을 하자고 권면했습니다. 우리가 발표를 잘하는 것보다 발표를 준비하면서 서로 하나가 되어 협력하면서 잘 준비하는 것이 더 중요하다고 말했습니다.

그렇게 고3 성탄절 뮤지컬 연습이 선생님 지도 아래 본격적으로 시작되었습니다. 그리고 뮤지컬 연습을 하는 첫날 저는 간식을 사 들고 연습 장소에 방문했습니다. 그런데 아이들이 서로 연습하고 있지 않고 앉아서 수다를 떨며 핸드폰을 하고 있었습니다. 어떻게 된 일인지 담당 선생님에게 물어보니 지금 두 학생이 아직 연습에 오지 않아서 진행이 어렵다고 말했습니다.

알고 보니 두 남학생 중 한 명이 며칠 전 저에게 전화를 걸어서 연습이 너무 힘들다고 말했던 그 남학생이었습니다. 그때 찬양 선생님을 지도담당으로 세워서 열심히 하자고 했을 때 그 누구보다 열심히 하겠다고 말한 학생이 그 남학생이었습니다. 그런데 그 남학생이 그 연습 장소에 보이지 않았던 것입니다.

두 학생은 어디 갔냐고 물어보니 다른 부서 선생님과 식사하러 갔다고 했습니다. 다른 부서에서 두 학생에게 고등부를 졸업하면 교사로 와달라고 부탁했다고 합니다. 그리고 부탁을 한 선생님이 밥을 사준다고 해서서 같이 식사하러 갔던 것입니다. 저는 순간 어이가 없었습니다. 뮤지컬 연습이 힘들다고 해서 다들 배려해서 연습을 다시 열심히 하기로 했는데 그 중심에 섰던 남학생이 정작 연습 때 참석하지 않고 다른 부서 선생님을 만나러 갔다고 하니 화가 많이 났습니다.

특히, 더 화가 났던 이유는 다시 팀을 짜고 대본을 만드는 과정에서 그 전에 중심 역할을 했던 몇몇 학생이 속이 상해서 뮤지컬에 참석하지 않겠다고 빠졌기 때문입니다. 저는 그 남학생에게 전화를 했습니다. 전화를 하니까 그 남학생은 현재 밥을 다 먹고 팥빙수를 먹고 있다고 말했습니다. 그때 저는 그 소리를 듣고 정말 화가 많이 났습니다. 저는 그 남학생에게 큰 소리로 말했습니다.

너희들 기다린다고 지금 다른 친구들 아무도 연습 못 하고 있는데 지금 빨리 안 올래?

저의 큰 소리에 통화를 듣고 있던 주변 학생들이 순식간에 얼음이 되어 버렸습니다. 제가 이렇게 큰 소리로 화를 내는 것을 처음 보았기 때문입니다. 저는 지금까지 어떤 일이 있어도 아이들과 대화를 통해 풀었는데 제가 갑자기 화를 내며 큰 소리로 말하니까 아이들이 다 놀랐던 것입니다. 전화를 받은 남학생도 깜짝 놀랐는지 잠시 뒤 친구와 함께 교회로 왔습니다. 저는 두 남학생을 따로 불렀습니다.

그러고는 이렇게 말했습니다.

나: 너희들 배려해 줘서 찬양 선생님께 부탁까지 드리면서 열심히 해보자고 말했는데 너 지금 뭐 하는 짓이냐?
목사님이 전화했을 때 그렇게 장난 같았어?
"목사님 죄송합니다. 빨리 가겠습니다"라고 말하는 게 정상 아냐?
너희들이 한번 이야기해 봐. 지금 이 상황에 대해!

남학생: 목사님, 저희끼리 연습하는 건데 왜 목사님이 그렇게 말씀하시는 건지 모르겠습니다.

나: 뭐라고? (화가 나서 책상을 쾅 치며) 너 지금 그게 나한테 할 소리야? 네가 아이들이 힘들다고 해서 목사님이 너희들 배려해 줬잖아. 그런데 뭐? 너 지금 말 다 했냐?

남학생: … 죄송합니다. 목사님 …

이미 저는 두 아이를 만나기 전에 화가 많이 나 있는 상태였습니다. 그래서 아이들을 만났을 때도 흥분한 채 말을 이어 나갔습니다. 그러자 저의 공격적인 말에 그 남학생도 기분이 상했고 저한테 공격적으로 말을 받아쳤습니다. 저는 너무 화가 나서 그 자리에서 주먹으로 책상을 힘차게 내리쳤습니다. 그러자 그 남학생은 이런 저의 모습에 당황하면서도 억울해했습니다.

왜냐하면, 자기도 열심히 해야 하는 것을 알고 있어서 계속해서 연습에 가려고 했는데 용기 있게 말을 하지 못했다고 말했습니다. 그래서 몇 번이고 연습하려고 모여 있는 아이들에게 연락해서 미안하다며 빨리 가겠다고 말했던 것입니다.

저는 몇 분 뒤 정신을 차리고 두 남학생에게 대화로 풀어가지 않고 일방적으로 소리친 것에 대해 정중히 사과했습니다. 아이들도 그런 저의 사과를 받아주었습니다. 그리고 자기들도 약속을 지키지 않아 죄송하다고 용서를 구했습니다. 그 후로 아이들은 연습에 열심히 참석했고 뮤지컬을 주님의 은혜 가운데 잘 마칠 수 있었습니다.

제가 그때 아이들 행동에 먼저 반응하지 않고 아이들 감정을 이해하며 대화했다면 굳이 큰소리를 내지 않아도 아이들과 충분히 대화를 할 수 있었을 것입니다. 하지만 저는 아이들 상황을 이해하고 감정을 공감해 주기보다 먼저 행동을 보고 반응했던 것입니다.

만약 제가 아이들 행동에 반응하지 않고 아이들의 감정을 먼저 이해했더라면 이렇게 말했을 것입니다.

나: 너희들 오늘 약속 있었다면서?

학생들: 네 목사님 …

나: 그랬구나. 너희에게 그 약속이 얼마나 중요했는지 이해가 가. 너무 중요하니까 안 갈 수 없었겠네. 이제 약속은 잘 끝났니, 지금 올 수 있어?

학생들: 네. 거의 다 끝났어요.

나: 그래 잘됐네. 혹시 선생님이 좀 부담스러워서 말씀드릴 수 없으면 목사님이 대신 이야기해 줄까?

학생들: 아니에요. 목사님.

나: 그래. 너희들이 와야 연습이 진행될 것 같아. 너희들이 얼마나 필요했으면 아이들이 너희들만 찾는다. 너희들 평소에 걸음 빠르니까 서둘러서 완전체가 되어보자. 알겠지?

학생들: 네. 알겠습니다.

아이들 행동을 보면 당연히 우리 감정이 상할 수 있습니다. 하지만 그런 경우는 아이들의 행동만 봐서 그렇습니다. 우리는 아이들 행동만 보지 말고 아이들 행동 이면에 있는 감정을 먼저 이해하려고 해야 합니다. 그럴 때 아이들이 마음을 열고 선생님을 신뢰합니다. 공격적으로 반응하지 않고 자기 문제를 솔직하게 인정하고 최선을 다하게 됩니다.

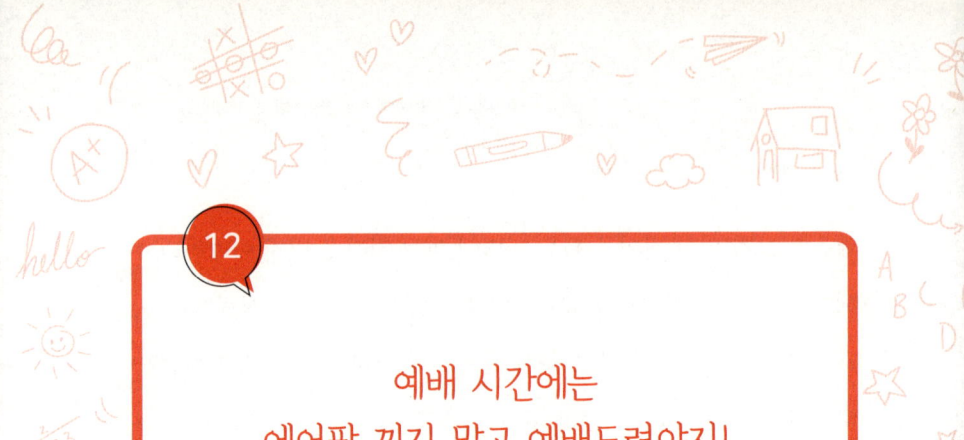

12

예배 시간에는
에어팟 끼지 말고 예배드려야지!

우리는 아이들 행동을 보고 먼저 판단하지 말고 아이들 감정을 먼저 공감해야 합니다. 하지만 그렇다고 해서 아이들이 하는 모든 행동까지 공감하라는 것은 아닙니다. 아이들 감정을 공감하기는 하되 아이들 행동에 대해서는 무엇이 옳은지 그른지 말해줘야 합니다.

여기서 중요한 것은 우선 아이들 감정부터 공감한 뒤 행동에 대한 선을 그어줘야 합니다. 만약 아이들 감정은 공감하지 않은 채 먼저 행동에 관해 이야기하면 전보다 관계가 더 악화할 수도 있습니다.

예를 들어보겠습니다. 고등부에 온 지 얼마 안 된 여학생 한 명이 있습니다. 그런데 선생님 한 분이 우연히 예배 때 그 여학생이 한쪽 귀에 에어팟을 끼고 음악을 듣고 있는 것을 보게 되었습니다. 그 여학생은 얼마 전 어머니 손에 이끌려 고등부 예배에 왔던 학생이었습니다. 그 여학생은 어머니와 함께 어릴 때부터 교회에 다녔는데 이번에 교회를 옮겼던 것입니다.

선생님 입장에서는 고등부에 나온 지 얼마 안 된 학생에게 예배 시간에 에어팟을 빼라고 말해줘야 할지 말아야 할지 고민이 됩니다. 그 여학생에 대해 듣기로는 분명히 교회를 오래 나닌 친구인데 예배 때 에어팟을 끼고 있는 모습이 쉽사리 이해되지 않습니다.

하지만 만난 지 얼마 안 됐는데 예배 시간에 에어팟을 끼지 말라고 말을 하기도 조심스럽습니다. 결국, 선생님은 고민하다가 그 여학생에게 가서 이렇게 말했습니다.

선생님: ○○아. 안녕?!

학생: (놀라며) 네. 안녕하세요.

선생님: 오늘은 예배 잘 드렸어?

학생: 네. 잘 드렸어요.

선생님: 그래. 선생님은 네가 우리 고등부에서 함께 신앙생활을 하게 돼서 너무 감사하단다.

학생: 네. 감사합니다.

선생님: 아. 그런데 오늘 선생님이 예배 때 보니까 너 에어팟 끼고 있는 거 같던데 선생님이 잘못 본거 아니지?

학생: (당황하며) 아 … 네 … .

선생님: (단호하게) 그래도 우리 예배 시간이잖아. 예배 시간에는 에어팟 끼지 말고 예배에 집중해 보자. 알겠지?

학생: (얼굴을 붉히며) 네 … 알겠습니다.

선생님은 나름 아이 감정을 안 건드리면서 최대한 좋게 말했다고 생각했습니다. 그런데 그다음 주에 그 여학생이 고등부 예배에 보이지 않았습니다. 그리고 그 여학생은 그 이후부터 계속해서 고등부 예배에 나오지 않았습니다.
　담당 교역자가 여학생이 고등부 예배에 나오지 않자 어머니께 연락했습니다. 어머니는 그 여학생이 자기와 함께 장년 예배에 참석하고 있다고 말했습니다. 담당 교역자가 무슨 일이 있는지 여쭤봤습니다. 그러자 딸이 고등부에 친구가 없어 적응하기 힘들어하고 재미가 없다고 해서 앞으로 장년 예배를 함께 드리겠다고 말했습니다.
　엄마는 딸이 어떻게든 고등부에 잘 적응해서 신앙생활을 잘했으면 좋겠다고 생각했지만, 그 여학생은 막무가내로 고등부가 재미없다면서 가지 않겠다고 말한 것입니다.
　여러분, 도대체 그 여학생에게 어떤 일이 있었던 것일까요?
　그 여학생은 선생님 한 분이 자기에게 와서 다짜고짜 예배 시간에 에어팟을 끼면 안 된다고 말해서 기분이 많이 상했습니다.
　그렇다면 그 여학생은 왜 예배 시간에 에어팟을 끼고 있었을까요?
　이유가 있었습니다. 평소에 그 여학생은 집에서 엄마에게 많은 억압과 부담을 받고 있었습니다. 엄마는 딸에 대한 욕심이 강했습니다. 그래서 엄마는 딸을 어릴 때부터 여러 학원에 보내며 공부시켰습니다.
　엄마의 억압은 딸이 고등학생이 되면서부터 더 심해졌습니다. 내신을 잘 관리해야 한다면서 더 강하게 공부시킨 것입니다. 엄마는 딸을 여러 학원에 보내면서 항상 이렇게 말했습니다.

공부해야 네 인생이 잘 되는 거야!

그 여학생은 엄마에게 그런 말을 들을 때마다 너무 많은 부담감과 스트레스를 받았습니다. 혹시나 엄마의 기대에 미치지 못하면 어쩌나 하는 걱정으로 가득했고 만약 공부를 못해서 좋은 대학에 가지 못하면 불행한 인생이 될 것이라고 생각했습니다.

엄마가 교회를 이곳으로 옮긴 것도 교회가 집이랑 가까웠기 때문입니다. 어릴 때부터 다녔던 교회는 집에서 멀어 한 시간씩 차를 타고 가야 했습니다. 그렇게 되면 주일은 학원에 갈 수 없었기 때문에 엄마는 딸이 예배를 마치자마자 학원에 갈 수 있도록 집과 가까운 교회에 등록했던 것입니다.

그 여학생은 그런 엄마에게 불만이 상당히 많았습니다. 어릴 때부터 다닌 교회에 친한 친구들이 많이 있는데 엄마는 자기에게 동의를 구하지도 않고 마음대로 교회를 옮겨버렸기 때문입니다. 어렸을 때는 조금 힘들어도 엄마 말에 잘 따랐지만, 사춘기에 들어서면서부터 엄마 말이 더 이상 충고가 아닌 억압과 부담으로 다가왔습니다.

한편 그 여학생은 엄마의 폭언과 억압에서 벗어나는 한 가지 유일한 취미가 있었습니다. 바로 음악 감상이었습니다. 그 여학생은 음악을 들을 때 모든 중압감과 부담과 스트레스에서 벗어나는 것 같았습니다. 어느 순간부터 그 여학생에게 에어팟은 없어서는 안 될 소중한 보물이 되어 있었습니다.

그 여학생은 엄마가 강제로 교회를 옮기는 바람에 자기도 정든 교회를 뒤로하고 새로운 교회 고등부 예배에 참석했지만, 불만이 가득했습니다. 오랫동안 신앙생활을 했던 교회에서 계속 예배를 드리고 싶은데 그렇게 하지 못하니 불만이 머리끝까지 올라왔던 것입니다.

그래서 그 여학생은 나름 이 상황을 견뎌내고자 예배 때 한쪽 귀에 에어팟을 끼고 평소에 좋아하는 노래를 들었습니다. 그렇게 해야 너무나 어색한 이곳(새로 온 고등부)에서 시간을 버텨낼 수 있을 것 같았습니다.

그런데 예배가 끝난 뒤 선생님 한 분이 오시더니 다짜고짜 그 여학생에게 예배 시간에 에어팟을 끼면 안 된다며 에어팟을 빼라고 말했습니다. 그 여학생은 선생님의 말씀을 듣고 기분이 상했습니다. 평소에 엄마한테 받았던 억압을 고등부 선생님에게도 느꼈던 것입니다.

그 여학생은 더 이상 고등부에서 예배를 드릴 수 없었습니다. 그 여학생은 엄마에게 가서 고등부 예배가 너무 재미없다면서 엄마랑 함께 예배를 드리겠다고 떼를 썼습니다. 엄마 입장에서는 고등부 예배와 장년 예배가 시간이 같기 때문에 딸이 굳이 고등부 예배에 가지 않아도 상관없었습니다. 그래서 다음 주부터 엄마는 그 여학생을 고등부 예배에 보내지 않고 장년 예배실로 데리고 가서 함께 예배를 드렸습니다.

한편 담당 교역자는 갑자기 왜 그 여학생이 고등부에 안 나오려고 하는지 이유를 알 수 없었습니다. 그 여학생이 고등부에 등록해서 열심히 신앙생활을 할 줄 알았는데 갑자기 고등부가 재미없다고 나오지 않겠다고 말하니 담당 교역자 입장에서는 '내가 그 아이한테 실수한 게 있나'라며 죄책감만 느끼게 되었습니다.

하지만 그 여학생에게 에어팟을 끼지 말라고 말했던 선생님은 왜 그런지 이유를 알 수 있었습니다. 그리고 선생님은 지금 상황이 몹시 당황스러웠습니다. 왜냐하면, 그 여학생이 예배 시간에 에어팟을 끼고 있어서 빼라고 조금 단호하게 말했는데 아이가 그렇게 반응하니 선생님 입장에서는 무척 당황스러웠습니다. 꼭 자기 때문에 그 여학생이 고등부에 나오지 않는 것 같아 마음이 착잡했습니다.

그렇다면 이 모든 것이 그 선생님의 잘못일까요?

그렇지 않습니다. 선생님은 그 학생이 어떤 삶을 살고 있고 어떤 생각을 하고 있는지 전혀 알지 못했습니다. 그 여학생의 유일한 탈출구가 음악을 듣는 것인지 몰랐고 정든 교회에서 엄마 때문에 강제적으로 교회를 옮긴 것을 알지 못했습니다. 단지 그 선생님 눈에는 오래 교회에 다녔지만, 예배 시간에 에어팟을 끼고 음악을 듣는 버릇없는 여학생이라고 생각했던 것입니다.

여러분, 제기 이 이야기를 통해 말씀드리고 싶은 것이 있습니다. 우리는 아이들 행동을 보고 판단하기 전에 먼저 아이들 감정을 공감해야 한다는 것입니다. 왜냐하면, 아이들 행동에는 반드시 이유가 있기 때문입니다.

그렇다면 그 여학생이 에어팟을 끼고 있는 것을 봤을 때 그 여학생 행동을 먼저 판단하는 것이 아니라 여학생 감정을 공감하면서 옳고 그름이 무엇인지 말해 주려면 어떻게 해야 할까요?

먼저, 예배가 마친 후 그 선생님이 여학생을 따로 불러 1:1의 시간을 가집니다..

선생님: ○○아. 오늘 예배 잘 드렸니?

학생: 네.

선생님: 고등부 온 지 얼마 안 됐는데 아직 많이 어색하지?

학생: 아~ 아니에요. 괜찮아요.

선생님: 그래도 네가 오랫동안 정들었던 교회를 떠나서 우리 교회에 와서 적응하는 게 쉽지 않을 거라 생각해.

학생: (음.. 뭐지 이 선생님은?) 네 ⋯ 감사합니다.

선생님: 참, 오늘 ○○이가 예배 시간에 에어팟을 끼고 있던데 맞아?

학생: (몹시 당황하며) 네, 맞아요.

선생님: 아 ⋯ 그랬구나. 갑자기 선생님이 이런 말 꺼내서 당황한 거 같은데 선생님은 지금 너를 혼내려고 하는 게 아니야. 혹시 너한테 어떤 일이 있길래 예배 시간에 에어팟을 낄 수밖에 없었는지 걱정이 되더라고. 그래서 네가 요즘에 힘든 게 없는지 궁금해서 용기 내서 물어보는 거야.

학생: (안도하며) 아~ 네. 선생님 괜찮아요.

선생님: 그래. 다음엔 힘든 일 있으면 선생님에게 말해줘. 선생님도 함께 기도할게. 그리고 예배 시간에도 함께 더욱 집중해 보자.

학생: 네. 감사합니다. 선생님.

여러분 무엇이 달라졌는지 알겠습니까?

우선 선생님이 에어팟을 낀 학생의 마음을 먼저 공감해 주었습니다. 에어팟을 꼈다고 혼내거나 주의를 주지 않고 먼저 그 학생이 에어팟을 낀 이유가 있었을 거라고 공감해 주었습니다. 그리고 자연스럽게 학생을 나무라지 않으면서 예배 태도까지 바로잡을 수 있었습니다. 그뿐만 아니라 다음에 관계를 다져나가는 데도 아주 성공적인 대화를 했습니다.

여러분, 아이들 행동을 보고 먼저 판단하지 말고 아이들 감정을 먼저 공감해 줍시다. 그 뒤에 아이들이 고쳐야 할 것, 잘못한 것에 대해 선을 그어 줍시다.

청소년과 멀어지는 대화는 무엇일까요?

아이들과 소통하는 데 있어서 가장 중요한 것은 대화입니다. 우리가 어떻게 대화하느냐에 따라 아이들이 마음을 열거나 반대로 마음을 닫기도 합니다.

여러분은 현재 아이들과 어떻게 대화하고 있나요?

1. 아이들 말을 무시하듯 말하지 말자!

아이들과 멀어지는 대화는 주로 아이들 말을 무시하거나 비웃는 것에서 시작됩니다. 예를 들어보겠습니다.

학생: 선생님, 오늘 공과 공부 일찍 마치면 안 돼요?
교사: 넌 매번 일찍 마쳐달라고 하더라.
예배 때마다 졸면 공과 공부 시간에라도 집중해야 하는 거 아니니?

넌 그저 일찍 마칠 생각만 하지?

이렇게 교사가 학생의 말을 즉각적으로 반박하며 무시하는 듯이 이야기했을 때 학생은 어떻게 반응할까요?

학생: 아, 네. 선생님 제가 조는 건 인정하겠는데요. 선생님도 예배 때 졸잖아요. 그리고 우리 반만 제일 늦게 마쳐요.

다른 반은 일찍 마치는데 왜 우리 반만 늦게 마쳐요?

교사: 너 지금 선생님에게 말대꾸하는 거니?

공과 공부를 확실히 해야지. 그리고 선생님이 언제 졸았어?

선생님은 아침 일찍 일어나서 장년 예배드리고 또 예배드리는 거야.

너 지금 선생님에게 따지는 거니?

우리가 아이들에게 공격적으로 말하면 당연히 아이들도 공격적으로 반응하게 되어 있습니다. 그렇게 되면 서로 기분이 나빠지고 적대감이 생기고 관계가 완전히 망가져 버리게 됩니다. 또한, 아이들이 어떤 질문을 했는데 그 질문과 상관없는 다른 말을 하거나 무시하면 안 됩니다. 예를 들어 보겠습니다.

학생: 선생님, 왜 하나님이 선악과를 창조하셨을까요?

교사: (나도 모르는 건데 …) 잠시만. 얘들아 시계 좀 봐. 이제 마칠 시간이 됐네. 얘들아, 오늘 다들 수고 많았어.

다음 주에도 늦지 말고 예배 때 만나자!
학생: ? … (선생님이 내 말을 씹으셨어 뭐지? …)

이럴 때 아이 입장에서는 선생님에게 무시당했다고 생각할 수 있습니다. 그리고 이런 대화가 지속되면 선생님은 학생들과 거리가 점점 멀어지게 됩니다.

2. 아이들을 농담으로라도 비교하지 말자!

아이들을 비교하지 맙시다. 농담으로도 비교하지 맙시다. 아이들은 비교하는 것에 상당히 많은 상처를 받습니다. 그리고 그 상처는 아이 가슴속에 평생 묻혀 있습니다. 저는 어릴 때부터 부모님의 비교 속에서 자라왔습니다. 특히, 어머니께서는 툭하면 같은 교회에 다니는 집사님 아들을 제 앞에서 자랑했습니다.

맥아! OO 이는 이번에도 반에서 1등 했다고 하더라. OO 집사님은 얼마나 좋으실까. 힘들게 사셔도 아들이 공부를 잘하니 배가 부르실 거야. 맥아. 넌 왜 매일 공부도 안 하고 그렇게 노는 거니, 공부 좀 해라. 제발 OO이 반만 좀 닮아봐!

어머니가 항상 비교했던 그 형은 저보다 5살이나 많은 교회 형이었습니다. 어머니는 자주 저와 그 형을 비교하시면서 그 형은 반에서 시험을 치면 매번 1등을 한다고 말씀하시면서 부러워하셨습니다. 그러면서 그 형도 열심히 노력해서 공부를 잘하는데 너도 노력하면 잘할 수 있다고 항상 말씀하셨습니다.

저는 어머니가 그런 말씀을 하실 때마다 마음속에 참을 수 없는 무기력함과 분노가 올라왔습니다. 저와 비교 대상이 된 교회 형이 너무 싫었습니다. 잘 알지도 못하는 형이었는데 자주 어머니에게 비교당하다 보니까 어느 순간 그 형에 대한 적개심이 불타올랐습니다.

그리고 아버지도 종종 비교하셨습니다. 그런데 그 비교 대상은 과거 젊었을 적 아버지셨습니다.

아버지는 어릴 때 공부하고 싶어도 못 했단다. 아버지는 중학교 때 반에서 2등 안에 들었었다. 일한다고 공부는 많이 못 했지만 그래도 쉬는 시간, 수업 시간에 열심히 공부했단다. 그때 내가 계속해서 공부할 수 있었다면 어땠을까 생각한단다. 그런데 아들아. 지금 너는 얼마나 좋은 환경에서 공부할 수 있니, 만약 내가 지금 중학교에 다닐 수 있다면 너무 좋아서 춤을 덩실덩실 출 것 같다. 아들아. 공부 좀 열심히 하자. 너한테 다 피와 살이 되는 이야기다.

당연히 저도 부모이기에 그 당시 부모님 마음을 너무 잘 이해합니다. 자녀의 부족한 모습을 보셨을 때 조금만 더 잘했으면 하는 마음이 많으셨겠지만, 그 안타까움이 비교로 드러날 때 오히려 아이들에게는 안 좋은 악영향을 끼칠 수 있다는 것을 명심해야 합니다.

비교를 통해 제가 더욱 발전할 수 있었다면 좋았을 텐데 정반대였습니다. 청소년 시절 저는 너무 무기력했고 자신감이 없었습니다. 어딜 가도 눈치를 봤으며 항상 주눅 들어 있었습니다. 저는 그때 당시 제가 왜 그런지 이유를 몰랐습니다. 하지만 오랜 시간이 지난 뒤에 알 수 있었습니다. 집에서 부모님 인정을 받지 못했고 항상 누군가와 비교를 당했기 때문입니다.

그래서 저는 매사에 자신감이 없었고 항상 주눅 들어 있었습니다. 다른 사람들이 저에게 뭐라고 이야기하면 우물쭈물하면서 이야기도 제대로 하지 못했고 저의 의견을 누군가에게 제대로 전달하지 못했습니다. 항상 눈치만 보고 하라는 대로 하는 착해 보이는 아이였습니다.

부모님은 항상 저에게 사춘기 없이 지나가는 착한 아들이라고 말했습니다. 부모님이 저에게 비교하면 "엄마 아빠는 왜 항상 비교만 하세요. 제발 그만 하세요"라고 말하지 못했습니다. 오히려 저는 입을 닫고 혼자 속으로 삭이는 것을 선택했던 것입니다.

하지만 이것은 저에게 상당히 좋지 않은 결정이었습니다. 저는 사춘기를 쉽게 지난 것이 아니었습니다. 비교는 제 가슴속에 상처와 고통으로 계속해서 남아 있었습니다. 저에게는 금방이라도 터질 듯

한 시한폭탄이 있었던 것이죠.

저는 '비교'라는 시한폭탄을 헬스와 여러 운동을 통해 극복할 수 있었습니다. 헬스를 하면서 몸에 힘이 붙으니까, 남자로서 자신감이 생겼고 어딜 가도 당당해졌습니다. 축구와 농구를 좋아해서 팀 스포츠를 통해 친구들과 잘 지낼 수 있었습니다. 그리고 나중에는 예수님을 인격적으로 만남으로 완전히 극복할 수 있었습니다.

예수님을 인격적으로 만나면서 제가 주님 안에 사랑받는 참 귀한 존재라는 것을 알게 되었고 비교에서 자유 할 수 있었습니다. 그리고 부모님도 비교는 자주 하셨지만, 한편으로 저를 무척 사랑해 주셨습니다. 그래서 부모님 사랑으로 저는 사춘기 청소년 시절을 잘 마칠 수 있었습니다.

3. 아이들을 장난으로도 비난하지 맙시다!

저의 제자 중 여학생 한 명이 있었습니다. 그 여학생은 저와 제자훈련도 2년 동안 하면서 굉장히 친했던 친구였습니다. 그런데 어느 순간부터 제가 그 여학생과 너무 친한 나머지 그 여학생에게 짓궂은 장난을 종종 쳤습니다.

예를 들어, 그 여학생을 놀리는 농담을 자주 했는데요. 저는 장난이었지만 그 여학생에겐 상처로 다가왔던 것입니다. 저는 그 여학생이 기분이 나빴던 사실을 전혀 알지 못했습니다.

한 번은 코로나19로 온라인 예배를 드릴 때였습니다. 저는 예배 전 아이들에게 한 가지 광고를 했습니다. 고등부 예배 후 예배 인증사진과 설교 노트를 낸 친구들을 따로 모아 제비뽑기를 해서 뽑힌 친구들에게 간식을 주겠다고 말했습니다. 많은 친구가 예배 후 인증샷과 함께 설교 노트를 보냈습니다. 저는 저녁에 집에 도착하자마자 예배 인증사진과 설교 노트를 낸 아이들을 카톡 방에 초대해서 라이브를 했습니다.

그때 한 명씩 추첨하고 있는데 꽝을 고르는 순서가 있었습니다. 저는 누가 꽝이 될지 기대하라며 아이들의 이름이 적힌 종이를 하나 들어 올렸는데요. 그 종이에는 그 여학생의 이름이 적혀 있었습니다. 그때 저는 라이브를 보고 있는 친구들을 웃기기 위해 그 여학생 이름이 적힌 종이를 펼치며 "아쉽지만 꽝입니다!"라며 종이를 던져버렸습니다.

아이들은 그런 저의 모습에 다들 웃음이 빵 터졌고 분위기는 상당히 좋았습니다. 하지만 그 여학생은 아니었습니다. 그 여학생은 그런 제 모습을 본 순간 카톡 방을 나가버렸습니다. 저는 그 여학생이 화가 났음을 직감하고 제비뽑기 후 연락을 했습니다. 하지만 그 여학생은 저의 연락을 받지 않았습니다.

그리고 며칠 후 그 여학생에게 연락이 왔습니다. 그 여학생은 저에게 기분이 많이 상했다고 말하면서 앞으로 제자훈련을 하지 않겠다고 말했습니다. 그제야 저는 사태의 심각성을 깨닫고 너무 미안하다고 용서를 구했습니다. 나중에 관계는 다시 회복되었고 지금도 잘 지내고 있습니다.

    저는 그 뒤부터 장난을 쳐도 절대 누군가를 놀리거나 기분 상하게 장난을 치지 않습니다. 놀리거나 농담할 때 많은 사람이 웃을지라도 놀림을 당하는 당사자가 기분이 나쁠 수 있다는 것을 알았기 때문입니다.

> **14**

청소년을 어떻게 칭찬해야 할까요?

　청소년이 가장 신경 쓰는 게 있다면 바로 외모라고 할 수 있습니다. 특히, 여자아이들은 교회에 갈 때 외모에 많은 신경을 씁니다. 예전에 사역하던 교회에서 짙은 쌍꺼풀을 가지고 있는 여학생과 웃지 못할 해프닝이 있었습니다.
　토요일에 저는 교역자들과 식사하고 교회로 돌아가고 있었습니다. 그런데 그때 모자를 푹 눌러쓴 여자 한 명이 교회에서 나오더니 저에게 인사를 하고 지나가려고 했습니다. 저는 처음 보는 사람이 저에게 인사를 해서 깜짝 놀랐는데 자세히 봤더니 바로 쌍꺼풀이 짙은 그 여학생이었습니다. 저는 반가운 목소리로 그 여학생에게 이렇게 말했습니다.

　　나: ○○아, 잘 있었어?
　　여학생: (모자로 얼굴을 가리며) 네, 목사님 안녕하세요 …
　　나: 그런데 왜 모자로 얼굴을 가리고 있어?

여학생: 아, 목사님 저 오늘 안 씻어서요.

나: (당황하며) 아, 그랬구나. 오늘 교회에 악기 연습하러 왔는가 보구나?

여학생: (서두르며) 네, 목사님. 이제 끝나고 가요. 나중에 뵙겠습니다.

그 여학생은 저에게 인사를 대충 하고 들어갔습니다. 저는 그 여학생을 보면서 당황스러웠습니다. 왜냐하면, 원래 그 여학생은 평소에 상당히 활발하고 저와 친했기 때문입니다. 그런데 그 여학생이 저를 보자마자 모자로 얼굴을 가리면서 그 자리를 빨리 벗어나려고 해서 당황했던 것이죠. 주일에 다시 그 여학생을 만났을 때 그 여학생이 저에게 이렇게 말했습니다.

여학생: 목사님, 저번에 만났을 때 제가 왜 빨리 가려고 한 줄 아세요?

나: 음 … 너 그때 안 씻어서 그랬던 거 아니야?

여학생: (당황하며) 아, 그것도 맞긴 한데 … 목사님, 사실 제가 그때 쌍꺼풀 테이프를 안 붙이고 왔었어요.

나: 쌍꺼풀 테이프 … 혹시 지금 네 눈 쌍꺼풀 만든 거야?

여학생: 네, 목사님. 저 주일 예배 올 때마다 쌍꺼풀 테이프 붙이고 와요.

나: 아 … 그랬구나 …

그 여학생은 원래 쌍꺼풀이 없었는데 매주 주일이 되면 교회에 올 때마다 쌍꺼풀 테이프를 붙이고 왔던 것입니다. 저는 그 이야기를 듣고 그 여학생이 정말 대단하다고 생각했습니다. 그뿐만이 아닙니다. 아이들은 외모뿐만 아니라 자기가 입는 옷에도 신경을 많이 씁니다. 어릴 때는 엄마가 사다 주는 옷만 입었는데 어느 순간부터 아주 비싼 브랜드 옷을 찾습니다. 그런 옷을 입고 있어야 사람들에게 인정받을 수 있다고 생각하는 것이죠.

청소년 시절 저도 그런 생각에서 벗어나지 못했습니다. 저의 외모가 다른 사람에게 멋있게 보이길 원했고, 옷도 브랜드 옷을 입고 싶어 했습니다. 하지만 예수님을 인격적으로 만나고 난 뒤에 저의 마음은 완전히 달라지게 되었습니다.

더 이상 외모와 옷에 목숨을 걸지 않게 되었습니다. 다른 사람에게 외모와 옷으로 인정받는 것이 중요한 것이 아니라는 것을 알게 되었던 것이죠. 그리고 무엇보다 나 자신이 하나님 앞에서 어떤 모습으로 비칠지를 더욱 중요히 생각하게 되었습니다.

만약 우리가 아이들에게 외모나 옷 스타일에 대해 칭찬하게 되면 아이들은 외모와 옷에 더욱 신경을 쓰게 될 것입니다. 그렇기에 우리는 아이들을 칭찬할 때 아이들의 외모나 옷에 칭찬하지 않고 아이들이 구체적으로 한 행동이나 말에 대해 칭찬해야 합니다.

예를 들어봅시다. 얼마 전에 제자훈련을 하면서 함께 삶을 나누고 있었습니다. 그때 학생 한 명이 이렇게 말했습니다.

나: 얘들아, 이번 한 주 동안 어떻게 지냈니, 우리 함께 나눠볼까, 오늘은 누가 먼저 할래?

학생: 목사님! 제가 먼저 나눌게요. 제가 어제 집에 가고 있는데 할머니 한 분이 무거운 짐을 들고 지나가셨어요.

나: 그래?

학생: 네. 할머니가 들고 계신 짐을 보니까 꽤 무거워 보였어요. 할머니를 선뜻 도와드리고 싶었는데 할머니께서 제가 가는 길과 반대 방향으로 가시더라고요. 그래서 어떻게 할지 고민하다가 할머니께 가서 말씀드리고 할머니 짐을 들어드렸어요.

나: 와~ 원래 네가 가는 길로 갈 수 있었는데 할머니를 생각해서 도와드렸구나. 정말 잘했어. 할머니를 도와드린 네 모습을 보면서 하나님께서도 기뻐하셨을 거야.

학생: 네, 감사합니다. 목사님. 앞으로도 저의 도움이 필요한 사람들이 있다면 도와줄 거예요.

나: 얘들아, 다들 잘 들었지, 앞으로 OO이의 또 다른 도움 간증을 기다리고 있자. 다들 OO이를 위해 박수!

아이들을 칭찬할 때 아이들 외모와 입고 있는 옷이 아니라 그 아이들이 칭찬받을 만한 행동과 말을 했을 때 구체적으로 칭찬해 주십시오. 그러면 아이들이 여러분 칭찬에 힘과 용기를 얻을 것입니다.

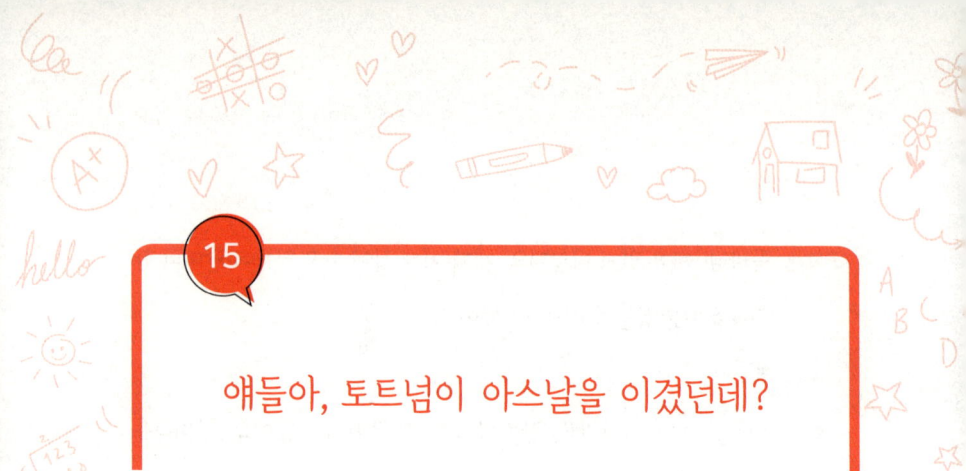

얘들아, 토트넘이 아스날을 이겼던데?

한 번은 선생님 한 분이 저에게 이런 질문을 했던 적이 있습니다.

목사님은 아이들과 20년 정도 나이 차이가 나는데 어떻게 아이들과 대화하시나요, 세대 차이 나지 않으세요?

제가 고등부 아이들을 맡고 있을 때 고등부 아이들과 나이 차가 20년 정도 났었습니다. 그런데 선생님 한 분이 제가 아이들과 대화를 잘하고 아이들이 저를 따르는 모습을 보니까 그게 궁금했던 것입니다. 저는 선생님께 이렇게 말했습니다.

선생님, 아이들이 좋아하는 것이 무엇인지 살펴보세요. 그리고 그 주제를 공부해 보세요. 나중에 아이들이 선생님과 대화할 때 눈빛이 달라질 거예요.

만약 여러분이 아이들과 대화를 주도해 나가고 싶다면 아이들이 좋아하는 주제가 무엇인지 알아야 합니다. 여러분에게 물어보고 싶은 것이 있습니다.

여러분이 담당하는 아이들이 제일 많이 하는 대화 주제가 무엇인지 알고 있습니까?

그렇다면 교사가 아이들이 좋아하는 것을 아는 게 얼마나 중요한지 예를 들어 보겠습니다. 예를 들어, 여선생님 한 분이 새롭게 반을 맡았습니다. 그런데 그 반의 특징은 남자아이들만 모여 있는 반이었습니다. 여선생님은 지금까지 남자아이들만 있는 반을 맡아본 적이 없어서 '내가 잘할 수 있을까?' 라는 걱정과 염려로 가득했습니다.

아니나 다를까 새 학기 첫 예배 때 반 모임을 하는데 남자아이들이 꿀 먹은 벙어리들처럼 앉아 있습니다. 선생님은 어떻게든 남자아이들과 말문을 트기 위해 이것저것 질문도 하고 이야기도 했지만, 어색한 상황은 여전했습니다.

선생님은 새 학기 첫날부터 진이 빠져버렸습니다. 남자아이들과 대화를 진행하면서 너무 많은 에너지를 소비한 것입니다. 그중에서도 남학생 한 명이 선생님을 너무 힘들게 했는데요. 그 남학생은 초등학교 때까지는 열심히 신앙생활을 하다가 중학교에 올라가서 친구를 잘못 사귀어서 그 뒤부터 공격적으로 변한 남학생이었습니다.

선생님은 앞으로 남자아이들을 어떻게 지도할지 눈앞이 캄캄합니다. 특히, 그 남학생은 어떻게 감당해야 할지 염려와 걱정으로 가득합니다.

이럴 때 우리는 선생님께 어떤 조언을 드릴 수 있을까요?

저는 그 선생님께 반 남자아이들이 제일 좋아하는 것이 무엇인지 직접 물어보고 알아보라고 조언할 것입니다. 그다음 주가 되었을 때 선생님이 공과 공부를 마치고 정리를 하고 있었습니다. 그때 문제 남학생과 반 친구들이 함께 핸드폰을 보면서 이야기하는 것을 듣게 되었습니다.

학생 1: 야, 오늘 토트넘이랑 아스날 경기 볼 거야?
학생 2: 당연하지, 오늘 토트넘이 아스날 무조건 이길 거니까 두고 봐라
학생 3: 닭트넘(토트넘 놀리는 말)이 어떻게 아스날을 이길 수 있을까?
학생 4: 내기할래? 아이스크림 콜?
학생 5: 콜, 다음 주에 보자!

선생님은 아이들이 핸드폰을 보면서 무슨 이야기를 하는지 알아봤는데 바로 축구 이야기였습니다. 오늘 저녁에 토트넘과 아스날이 경기하는데 아이들이 상당히 관심 있어 하는 것처럼 보였습니다. 선생님은 자기 아들에게 물어가면서 한 주 동안 토트넘과 아스날에 관해 공부하기 시작합니다.

아이들이 좋아하는 축구 선수가 누구인지, 어떤 리그에서 뛰고 있는지 공부합니다. 그리고 다음 주가 되었을 때 공과 공부를 시작하면서 아이들에게 자연스럽게 이야기를 꺼냅니다.

15. 얘들아, 토트넘이 아스날을 이겼던데?

얘들아, 너희들 저번 주에 토트넘이랑 아스날 경기하는거 봤니? 토트넘이 이겼던데. 너희는 누구 편이니?

선생님 말을 듣자마자 아이들 눈빛이 초롱초롱해 집니다. 그러고는 입을 꾹 닫고 있던 남학생들 입에서 축구 이야기가 봇물처럼 터져 나오기 시작합니다. 특히, 그중에 문제 남학생은 선생님을 향해 믿을 수 없다는 눈빛으로 쳐다보고 있습니다. 축구의 축자도 모르게 생긴 선생님이 어떻게 자기가 좋아하는 토트넘을 알고 있는지 믿기지 않는 것입니다. 그리고 그날 이후로 그 여선생님은 반 아이들에게 존경을 받게 되었습니다.

여러분 우리가 왜 아이들과 대화하기 어려운 줄 아십니까?
바로 아이들이 좋아하는 것에 관해 이야기하지 않고 내가 말하고 싶은 것만 이야기하기 때문입니다.

여러분 아이들에게 왜 맛있는 음식을 사주시나요?
아이들과 소통하기 위해서 아닌가요?
선생님이 너희를 이만큼 사랑한다는 것을 보여주기 위해 그런 것 아닌가요?
그래서 돈을 들여가면서 시간을 들여가면서 맛있는 음식을 사주시는 것 아닌가요?
그렇다면 왜 시간을 들여서 아이들이 좋아하는 것을 공부하지 않나요?

여러분, 이건 돈도 들지 않습니다. 아이들을 사랑하는 마음으로 시간만 투자하면 됩니다.

저는 아이들을 만나면 아이들이 관심 있어 하는 주제가 무엇인지 꼭 물어봅니다. 만약 제가 아는 내용이면 함께 이야기하고 모르는 내용이면 다음에 꼭 공부해 옵니다. 그렇게 되면 아이들과 대화가 안 통할 수가 없습니다. 우리가 맡고 있는 아이들이 무엇을 좋아하는지, 무엇에 관심 있어 하는지 공부합시다. 그리고 그 주제를 중심으로 대화를 이끌어 갑시다. 그럼, 아이들 마음을 얻을 수 있을 것입니다.

> **16**
>
> ## 아이들을 전략적으로 만나십시오.

아이들은 과거처럼 전화를 잘 받지 않습니다. 요즘에는 문자나 카톡도 받지 않고 무시하는 경우도 많습니다. 그래서 우리는 전략적으로 아이들을 만나야 합니다.

1. 등하교 심방 및 학교 심방

저는 청소년 사역하면서 오랫동안 빠지지 않고 해오던 사역이 하나 있습니다. 바로 등하교 심방입니다. 보통 평일 저의 하루 일과는 새벽 4시 40분부터 시작됩니다. 매일 새벽 4시 40분에 기상을 한 후 옷을 걸쳐 입고 머리를 가다듬고 새벽 기도를 갑니다. 그리고 새벽 기도가 끝이 나면 제가 가장 중요하게 생각하는 사역이 기다리고 있습니다. 바로 등교 사역입니다.

등교 사역은 학생들 집 앞으로 가서 대기하고 있다가 학생들이 다니는 학교 앞까지 데려다주는 사역입니다. 그리고 점심을 먹고 오후가 되면 또 중요한 사역이 있는데 바로 하교 사역입니다. 하교 사역은 차를 타고 학생들이 다니는 학교 앞에 가서 대기하고 있다가 마치고 나오는 학생들을 태우고 집 또는 학원으로 데려다주는 사역입니다.

제가 오랫동안 등하교 사역했던 이유는 너무 간절했기 때문입니다. 제 인생 처음으로 전임 사역자가 되어 대구에 갔습니다. 저는 고등부를 담당하게 되었는데 고등부에서 드렸던 첫 예배가 아직도 기억에 생생합니다.

너무 많은 고등학생이 고등부실을 가득 메우고 있었기 때문입니다. 저는 학생들 이름을 외우는 것부터 시작해서 고등학생들을 부지런히 만나러 다녔습니다. 그런데 한 가지 문제가 있었습니다. 저는 시간이 흘러넘치는데 정작 아이들이 시간이 없었습니다. 아이들은 학교에서 마치면 야간 자율 학습을 했고 학원에 갔으며 너무 바빴습니다.

'어떻게 해야 하지?'

저는 고민하다가 마음이 너무 무거워져서 2주 동안 새벽 기도 때 울면서 기도했습니다. 그리고 2주 뒤에 제 머릿속을 번쩍 스쳐 지나가는 것이 있었는데요. 바로 등하교 사역이었습니다.

등교 사역은 먼저 아이들과 전날에 약속하고 다음 날 아침이 되었을 때 아이들 집 앞으로 갑니다. 저는 아이들 집 앞에서 기다리고 있다가 아이들이 나오면 바로 픽업해서 학교 앞까지 데려다줍니다.

학교까지 지하철이나 버스로 가는 것보다 제가 운전하는 차를 타고 가는 게 훨씬 빠르기 때문에 아이들은 평소 출발하는 시간보다 더 늦게 집에서 출발할 수 있습니다.

그렇게 되면 아이들은 평소보나 더 늦잠을 잘 수 있거나 밥을 먹을 수도 있습니다. 그리고 저는 아이들을 학교까지 데려다주면서 차 안에서 자연스럽게 대화할 수 있습니다. 단 신앙적인 이야기 말고 아이들이 관심 있어 하는 주제나 일상생활에서 있었던 이런저런 일들을 이야기합니다.

하교 사역은 동일하게 아이들과 전날에 약속을 잡고 아이들 학교 마치는 시간에 맞춰서 학교 앞으로 갑니다. 저는 학교 앞에서 대기하고 있다가 아이들이 나오면 태워서 아이들이 가고자 하는 목적지로 데려다줍니다. 덤으로 맥도날드에 들러서 햄버거를 사주거나, 시원한 아이스크림을 사주기도 합니다. 그리고 차 안에서 아이들과 자연스럽게 이야기합니다.

그렇게 시작된 등하교 사역은 저에게 참 많은 에피소드와 추억이 있습니다. 대구에서 사역 초반 등하교 사역할 때 길을 잘 몰라서 (난 부산 남자다) 헤매다가 아이들이 지각했던 일도 있습니다. 한 번은 아이들 집 앞에서 기다리고 있는데 학생이 약속을 잊어버리고 먼저 학교로 갔던 적도 있습니다.

반대로 제가 약속을 잊고 있다가 아이들에게 연락이 와서 후다닥 옷을 입고 차를 타고 간 적도 있습니다. 또 아이 한 명이 아파서 학교에서 조퇴했는데 저는 그것도 모르고 학교 앞에서 기다리던 적도 있습니다. 그리고 학생을 집으로 데려다주다가 길을 잘못 들어 부산으로 가는 고속도로를 탄 적도 있습니다.

다시 한번 더 말씀드리지만 제가 등하교 사역할 수 있었던 이유는 바로 간절했기 때문입니다. 아이들을 만나고자 하는 간절함이 있었기에 등하교 사역을 코로나19 속에서도 그리고 지금까지도 하고 있습니다.

등하교 사역했을 때 좋은 점은 제가 아이들을 직접 만날 수 있고 차 안에서 자연스럽게 대화할 수 있습니다. 그래서 따로 카페에 가지 않아도 차를 타고 가면서 깊은 대화를 할 수 있습니다. 그리고 예배에 나오지 않는 아이들은 등하교 심방을 하면서 지속해서 만날 수 있습니다.

지금 제가 여러분에게 말씀드리고 싶은 것은 아이들을 만날 때 우리 시간에 맞추지 말고 아이들 시간에 맞춰야 한다는 것입니다.

만약, 내가 맡은 아이가 학원 마치는 시간이 저녁 9시라면 그 시간에 맞춰 학원 앞에 찾아가야 합니다. 매주 하지 않아도 됩니다. 한 번이 중요합니다. 학원에서 나오는 반 아이를 태워서 집으로 보내주면 그 아이는 우리를 향해 마음 문을 열 것입니다. 우리 시간에 맞추지 말고 아이들 시간에 맞추어서 최대한 꾸준히 만나도록 노력합시다. 그럴 때 아이의 마음 문이 조금씩 열리게 됩니다.

2. 무턱대고 찾아가지 말고 전략적으로 찾아갑시다

예전에 사역하던 고등부에 여학생 한 명이 있었습니다. 2학년 때까지는 예배를 한 번씩 빠져도 잘 참석했는데 고3이 되자 결석하는 횟수가 늘어나기 시작했습니다.

어머니께 전화를 드렸더니 이유를 알 수 있었습니다. 토요일에 고깃집에서 저녁 늦게까지 알바해서 주일 오전에 하는 고등부 예배에 참석하기 힘들어한다는 것이었습니다. 저는 그 이후로 그 여학생에게 종종 연락해서 격려하면서 아르바이트 때문에 힘들어도 예배는 꼭 참석하자고 권면했습니다. 그런데 나중에 알고 보니 그 이유 말고 또 다른 이유가 있었습니다.

하루는 여학생 어머니께 안부 인사도 드릴 겸 여학생도 잘 지내고 있는지 연락을 드렸습니다.

나: 안녕하세요. 어머니. 요즘 OO이 잘 지내고 있습니까?

어머니: 안녕하세요. 목사님. 네. 요즘 잘 지내고 있어요.

나: 네. OO이가 요새 교회에서 잘 안 보여서 어머니께 연락드렸어요.

어머니: 아 … 목사님 OO이가 교회를 안 가는 이유가 있어요. 반 선생님이 아르바이트하는 곳에 찾아오신대요. 선생님이 아르바이트하는 곳에 오는 게 싫다고 해요. 그래서 더 안 가려고 해요. 다음 주부터는 아빠 따라 어른 예배 가라고 했어요.

나: 선생님이 아르바이트하는 곳에 가신다고요? 아 … 네 알겠습니다.

알고 봤더니 그 여학생을 맡고 있는 교회 선생님이 그 여학생이 일하고 있는 곳에 찾아갔던 것입니다. 반 선생님은 그 여학생이 교회에 나오기를 바라는 마음에 일하는 곳까지 찾아가서 여학생을 만나 격려하고 예배에 나오자고 권면했습니다.

그런데 오히려 선생님의 그런 모습이 그 여학생에게 상당히 부담됐던 것입니다. 그 여학생은 선생님이 오신 뒤로 더욱 교회에 가지 않겠다고 말했고 그 뒤부터 계속 교회에 나오지 않고 있었습니다. 저는 그 사실을 알고 참 난감했습니다.

반 선생님이 여학생을 만나기 위해 알바하는 곳까지 갔다 왔는데 어떻게 제가 선생님께 "선생님 때문에 더 나오기 싫어합니다"라고 말할 수 있겠습니까?

여기서 제가 여러분에게 말씀드리고 싶은 것은 아이들을 직접 만나되, 전략적으로 잘 만나야 한다는 것입니다. 만약 아이가 원하지 않는 시간에 약속도 하지 않고 불쑥 찾아온다면 오히려 그 아이에게 부담이 될 수도 있다는 것이죠.

그럴 땐 그 여학생이 일하는 식당에 찾아가도 될 만큼의 관계를 만든 후에 가도 늦지 않습니다. 그리고 여학생이 일을 하는 도중에 가지 말고 아르바이트가 끝나는 시간에 가서 만나서 여학생을 집으로 데려다주는 것도 괜찮은 방법입니다. 직접 만나는 것은 너무 좋지만, 아이들이 원하는 시간에 철저하게 맞춰서 아이들을 만나야 합니다.

3. 포기하지 말고 찾아갑시다!

고등부에 남학생 한 명이 있었는데 그 남학생은 2년 동안 저와 함께 제자훈련과 리더반을 했던 친구였습니다. 그 남학생은 2년 동안 예배를 한 번도 빠지지 않을 만큼 착실한 친구였습니다. 그런데 어느 순간부터 그 남학생이 예배 때 보이지 않기 시작했습니다.

처음 1주를 빠졌을 때 연락을 해보니 그 남학생은 늦잠을 잤다고 말하면서 다음 주 예배 때는 꼭 참석하겠다고 말했습니다. 하지만 그 남학생은 다음 주일에도 보이지 않았습니다. 저는 그 남학생이 2주째 결석을 했을 때 예배가 끝나자마자 전화를 걸었습니다. 하지만 그 남학생은 제 전화를 받지 않았습니다. 그리고 제가 보낸 카톡도 확인하지 않았습니다. 저는 곧바로 어머니께 연락을 드렸습니다.

나: 어머니 안녕하세요. 고등부 김맥 목사입니다.

어머니: (당황하며) 아 … 안녕하세요. 목사님.

나: ○○이가 2주째 교회에 안 보이고 있어요. 혹시 무슨 일 있나요?

어머니: 아 … 그게 … 요즘 교회에 계속 안 가려고 해요.

나: 헉. ○○이가 교회에 안 오려고 해요?

어머니: 네 요즘에 학교도 잘 안 나가고 있어요. 너무 걱정이에요. 목사님

나: 아 … 학교도 안 나가고 있군요.

어머니: 네. 요즘에 어떤 친구들하고 친해졌는데 그 친구 중에 집을 나온 친구가 있는데요. 거기 모여서 술도 마시고 밤늦게까지 노는 것 같더

라고요. 어떻게 해야 할지 모르겠어요 … 기도 부탁드려요!

나: 아 … 그랬군요. 어머니 제가 OO이 만나러 집에 찾아가도 될까요?

어머니: 네. 괜찮습니다. 목사님 꼭 와 주세요.

나: 네. 어머니. 월요일 저녁에 뵙겠습니다.

어머니 말로는 그 남학생이 얼마 전부터 몇몇 친구와 친해졌는데 그중에 학교를 다니지 않는 친구가 있다고 했습니다. 그 친구는 자취방에서 혼자 살고 있었는데 남학생이 그 친구 집에 있다가 늦게까지 놀면서 담배를 피우고 술을 마시고 밤늦게 집에 돌아왔던 것입니다. 그래서 학교도 며칠씩 결석했고 교회도 나오지 않았던 것이죠.

저는 그 남학생이 너무 안타까웠습니다. 2년 동안 그 남학생과 함께 제자훈련도 하며 리더반도 하며 신앙의 훈련을 쌓았던 시간이 제 머릿속을 스쳐 지나갔습니다. 이대로는 안 된다고 생각하고 월요일 저녁에 그 남학생 집에 갑자기 들이닥치기로 했습니다.

저는 전략을 짰습니다. 평소에 그 남학생과 교회에서 친했던 선배와 친구를 데리고 함께 그 남학생 집으로 갔습니다. 제가 그 남학생에게 이야기하기보다 친한 선배와 친구가 이야기하는 것이 훨씬 더 좋을 거라고 생각했습니다.

월요일 저녁에 그 남학생 집으로 들이닥쳤을 때 그 남학생은 잠을 자고 있었습니다. 엄마가 남학생을 깨우자 그 남학생은 저와 교회 선배와 친구가 온 것을 보고 깜짝 놀랐습니다. 저는 그 남학생을 밖으로 데리고 나왔습니다. 그러고는 교회 선배와 친구와 함께 산책을 하고 오라고 말했습니다.

저는 차 안에서 아이들이 돌아올 때까지 기도하면서 기다리고 있었습니다. 시간이 조금 지나 아이들이 돌아왔고 그 남학생과 산책을 했던 선배가 저에게 이렇게 말했습니다.

선배: 목사님, 다음 주부터 OO이 교회 나오기로 약속했어요.
나: 오, 감사하네. OO아. 네가 없으니 우리 모두 다 허전하고 쓸쓸해.
학생: 네 … 꼭 가겠습니다.
나: 그래, 다음 주 예배 때 만나자. 기도할게.
학생: 네. 감사합니다.

그렇게 우리는 돌아갔습니다.

그다음 주에 그 남학생이 교회에 왔을까요?

우리의 기대와는 다르게 그 남학생은 다음 주에도 나오지 않았습니다. 저는 다시 월요일 저녁 그 남학생 집에 들이닥쳤습니다.

이번에는 그 남학생과 주일에 늘 붙어 다니던 친구 2명을 데리고 갔습니다. 그 남학생은 2주째 제가 집에 들이닥치자 상당히 당황한 것 같았습니다. 우리는 당황한 그 남학생을 밖으로 데리고 나왔습니다. 저는 다시 차 안에 들어가고 2명의 친구가 그 남학생을 데리고 동네 한 바퀴를 돌고 왔습니다. 아이들이 돌아왔을 때 2명의 친구가 환한 얼굴로 저에게 말했습니다.

"목사님, 이번 주부터 OO이 교회 나오기로 했습니다."

그렇게 우리는 다시 돌아갔습니다. 하지만 다음 주에도 그 남학생은 교회에 나오지 않았습니다. 저는 다시 아이들을 데리고 월요일 저녁 그 남학생 집에 들이닥쳤습니다. 이번에는 교회에서 그 남학생이 제일 무서워하는 선배를 데리고 갔습니다.

그리고 그 선배는 그 남학생을 데리고 동네 한 바퀴를 돌았습니다. 저는 차 안에서 그 남학생을 위해서 기도했습니다. 잠시 뒤 아이들이 도착했을 때 그 선배가 이렇게 말했습니다.

"목사님, 이번 주부터 OO이 교회 나올 거예요."

다음 주가 되었을 때 드디어 그 남학생이 교회에 나왔습니다. 그리고 놀랍게도 그 남학생은 그 뒤로 단 한 번도 빠지지 않고 고등부 예배에 참석했습니다. 나중에 그 남학생이 저에게 이렇게 말했습니다.

"목사님, 그때 목사님이 3주 동안 저희 집에 와주셔서 제가 다시 교회로 돌아올 수 있었습니다. 정말 감사합니다. 목사님."

제가 여러분에게 말씀드리고 싶은 것은 때로는 들이닥쳐야 할 때도 있다는 것입니다. 아이가 문제가 있으면 직접 만나러 가야 합니다. 꾸준히 가야 합니다. 집요하게 연락해야 합니다. 단 전략적으로 해야 합니다. 전 이미 그 남학생과 2년 동안 제자훈련과 리더반을 하면서 관계가 되어 있었기에 집에 다짜고짜 들이닥쳐도 그 남학생이 저를 이해할 수 있었습니다. 제가 그 남학생을 많이 아끼고 사랑한다는 것을 알고 있었기 때문입니다.

16. 아이들을 전략적으로 만나십시오.

우리도 전략적으로 아이들이 원하는 시간에 만나러 나갑시다. 짧게 만나도 좋고 길게 만나도 좋습니다. 중요한 것은 아이들이 필요로 하는 시간에 만납시다. 아이들이 학교 앞에서 나를 필요로 하면 학교 앞으로 달려갑시다. 아이들이 배고파하면 맛있는 것을 사줍시다. 매일 하라는 것이 아닙니다. 한 달에 두세 번만 해도 됩니다. 우리 다 함께 아이들을 만나러 나갑시다.

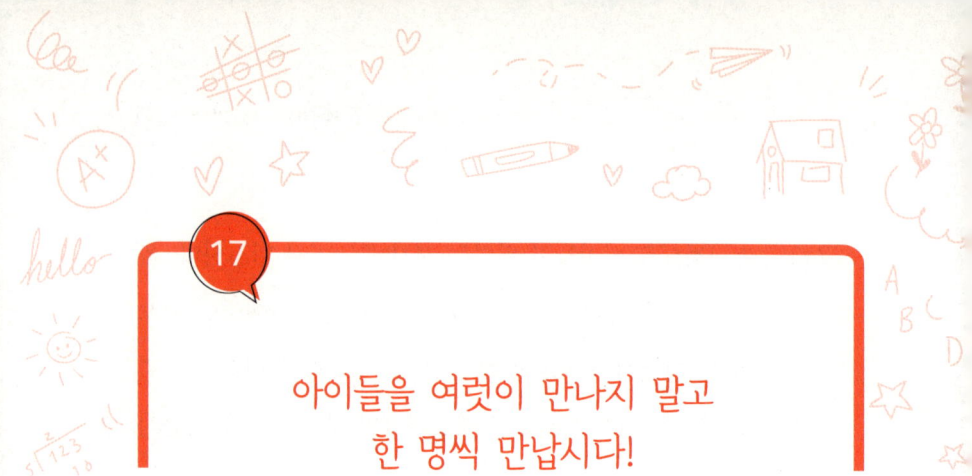

17
아이들을 여럿이 만나지 말고 한 명씩 만납시다!

아이들과 깊은 교제를 나누고 싶다면 아이들을 여럿이서 만나지 말고 한 명씩 만나야 합니다. 보통 교사들은 아이들을 만날 때 여럿이서 만납니다. 하지만 아이들을 여럿이서 만나면 깊이 있는 대화를 할 수 없습니다.

원래 저는 아이들을 만날 때 여럿이 만나서 함께 놀아 주는 것이 최선의 방법이라고 생각했습니다. 하지만 그게 다가 아니었습니다. 여럿이서 만나면 아이들은 서로 즐겁게 놀지만, 자기 마음은 드러내지 않았습니다. 오히려 대화조차 할 수 없었습니다. 여럿이 모이면 저와 이야기를 하지 않고 자기들끼리 이야기했습니다.

한 번은 고등학교 2학년 여학생들을 만난 적이 있었습니다. 계속 만나자고 했지만 다들 바빠서 못 만나고 있다가 여름방학 때 만나게 되었습니다. 총 네 명의 여학생을 만났는데요. 저는 아이들을 데리고 음식점에 가서 맛있는 밥을 사주고 카페로 가서 이야기하려고 했습니다. 그런데 이것은 저의 크나큰 착각이었습니다.

아이들은 만나자마자 자기들끼리 쉴 새 없이 떠들어댔습니다. 중학교 때는 교회에서 매주 만나서 예배드리고 늦게까지 놀았는데 고등학교 때는 공부 때문에 다들 바쁘니까 오랜만에 만나서 더욱 반가워하며 즐겁게 대화했습니다.

그런데 문제는 그 대화에 제가 낄 수 있는 자리가 없었던 것이죠. 저는 타이밍을 봐가면서 아이들 대화에 끼어들고 싶었지만 틈이 보이지 않았습니다. 그래도 밥을 다 먹으면 카페에 갈 거니까 카페에서는 제가 주도해서 대화해야겠다고 다짐했습니다. 그런데 아이들이 밥을 다 먹고 난 후 이렇게 말했습니다.

> 학생 1: 얘들아, 오늘 우리 이렇게 다 만난 것도 쉽지 않은 일인데 같이 더 놀지 않을래?
> 학생 2: 좋아. 놀자. 우리 시내 가서 놀자. 어때?
> 학생 3: 오~ 나도 찬성. 시내 가서 옷도 구경하고 카페도 가자.
> 학생 4: 와~ 신난다.
> 나: (난 어떻게 해야 하지?) …

아이들은 밥을 다 먹은 후에 오랜만에 만났으니, 시내에 가서 함께 놀자고 했습니다. 그때 제가 할 수 있는 것은 아이들을 태우고 시내에 데려다주고 혼자 돌아오는 것이었습니다(이렇게만 해도 만점 교역자와 교사입니다). 저는 아이들을 만나서 아이들이 평소에 학교생활은 어떻게 하고 있는지 고민은 없는지, 기도 제목은 없는지 알기 원했는데 단 한 명에게서도 듣지 못했던 것이죠.

그 이후로 저는 아이들 여럿을 만나서 밥을 먹고 교제하는 것도 중요하지만 따로 만나서 대화하는 것도 중요하다는 것을 알게 되었습니다.

저는 그 뒤부터 아이들을 만날 때 웬만하면 따로 만났습니다. 한 명을 만날 때도 있었고 두 명을 만날 때도 있었습니다. 저는 카페에서 얼굴을 마주 보고 이야기하는 것보다 차를 타고 간식을 사서 애들을 먹이면서 동네 한 바퀴를 돌면서 대화하는 게 더 편했습니다.

카페에 가면 '무슨 이야기를 해야 하나'라는 부담감에 사로잡히는데 차를 운전하면 그런 부담감에서 벗어날 수 있었습니다. 얼굴도 서로 마주 보지 않아서 그런지 술술 이야기가 나왔습니다. 당시에 코로나도 심했기에 음식점이나 카페에 못 가는 경우가 많았습니다. 그래서 지금은 차로 심방하는 게 습관이 되어서 열심히 등하교 사역 하면서 아이들을 학교로 집으로 데려다주고 있습니다.

그리고 아이들도 차를 타고 갈 때 저에게 편하게 이야기했습니다. 아마 제 얼굴을 정면으로 마주치지 않아도 되니까 부담감이 좀 없었던 것 같습니다. 그렇게 저는 아이들을 따로 만나기도 하고 여럿이서 만나기도 했습니다.

즉, 한 명의 아이를 만나서 깊은 대화를 나누기도 하고 또 여럿이 모여서 함께 이야기하며 놀기도 했습니다. 그렇게 하니까 아이들과 깊은 대화를 할 수 있었고 관계가 더욱 돈독해졌습니다. 즉 소통이 더 깊어지게 되었던 것이죠.

단 여기서 한 가지 주의해야 할 사항이 하나 있습니다. 결혼하지 않은 젊은 청년 남자 선생님은 여학생을 따로 만나는 것은 되도록 삼가야 합니다. 왜냐하면, 유혹이 틈탈 수 있기 때문입니다. 그럴 땐 최소 두 명의 학생과 함께 만나십시오.

18

부모님은 당신의 가장 소중한 동역자입니다!

저에게 가장 중요한 사역 중 하나가 바로 학부모님과 관계 쌓기입니다. 학부모님과 관계를 쌓아야 하는 이유가 있습니다. 왜냐하면, 학부모님은 청소년 사역하는 데 있어서 최고의 동역자이기 때문입니다. 저는 매 학기 초가 되면 학부모님에게 일일이 연락을 돌리며 인사를 합니다.

그리고 이것을 시작으로 부모님과 자연스럽게 관계를 조금씩 쌓아갑니다. 제가 부모님과 관계를 신경 쓰는 이유가 있습니다. 부모님과 관계를 쌓아가면 아이들의 영적 상태와 생활 습관을 정확히 알 수 있으며 함께 협력해서 사역할 수 있기 때문입니다.

그런데 많은 교사가 학부모님에게 연락하는 것을 상당히 꺼립니다. 일 년 동안 단 한 번도 학부모님에게 연락하지 않는 교사도 있습니다. 저는 이 부분에서 영혼을 정말 사랑하는 교사와 의무적으로 사역하는 교사로 나눠진다고 생각합니다.

저는 지금까지 사역하면서 아이들을 정말 사랑하는 교사들의 공통적인 특징을 봤는데요. 바로 아이들 부모님과 긴밀한 협력을 하고 있었습니다. 그 선생님들은 하나같이 아이를 사랑하기에 부모님에게 관심을 기울이며 함께 아이를 위해 기도했습니다. 그리고 부모님은 누구보다 담당 교사의 연락을 기다리고 있습니다.

자기 자녀를 위해 섬기고 헌신하는데 어느 부모가 그런 교사를 껄끄러워하겠습니까?

자, 그렇다면 왜 학부모님과의 연계 사역이 중요한지 한 가지 예를 들어보겠습니다. 예전에 교회를 잘 나오던 고등학교 1학년 여학생이 있었는데요. 갑자기 그 여학생이 2주 동안 교회에 보이지 않았습니다. 첫 주에 그 여학생이 교회에 나오지 않자, 저는 걱정이 돼서 그 여학생에게 연락했습니다. 그러자 그 여학생은 늦잠을 잤다고 다음부터 일찍 교회에 가겠다고 말했습니다. 그런데 2주가 지나도 그 여학생은 예배 때 보이지 않았습니다. 저는 예배를 마치고 바로 여학생의 어머니께 연락을 드렸습니다.

나: 안녕하세요. OO 어머니. 저는 고등부 김맥 목사입니다.

어머니: 안녕하세요. 목사님.

나: 어머니, 요즘 OO이가 교회에 안 보여요. 혹시 무슨 일 있나요?

어머니: 무슨 말씀이세요?

　　　　제가 매주 OO이를 교육관에 데려다주고 예배드리러 가고 있어요.

　　　　혹시 목사님이 못 알아보신 거 아니세요.

그 애가 얼마 전에 머리를 짧게 잘랐거든요.

나: 어머니. OO이 잘 기억하고 있어요. 현재 2주째 교회 안 나오고 있어요. 연락도 잘 안 받아서 많이 걱정하고 있습니다.

어머니: 아 … 정말 충격이네요. 집에서 OO이랑 이야기해 보겠습니다. 감사합니다. 목사님.

나: 어머니. 제가 감사합니다. OO이 위해 기도하겠습니다. 오늘 하루도 힘내세요.

이렇게 대화는 끝이 났습니다. 그렇다면 도대체 그 여학생은 2주 동안 어디로 사라졌던 것일까요, 나중에 알고 봤더니 그 여학생은 교육관 바로 앞에까지 왔다가 엄마와 인사 후 예배실에 올라가지 않고 동생과 함께 놀러 갔다고 합니다. 그리고 그 일탈이 너무 좋아서 엄마에게 거짓말을 하고 계속 예배를 드리지 않았던 것이죠. 만약 제가 어머니께 연락을 드리지 않았다면 그 여학생이 어떻게 되었을지 아무도 모르는 것입니다.

여러분, 그렇다면 우리는 어떻게 부모님과 연계 사역을 잘할 수 있을까요?

1. 첫 시작은 아이 기도 제목부터!

담당 교사는 자기가 맡고 있는 아이의 학부모님에게 연락해야 합니다. 하지만 연락을 어떻게 시작해야 할지 부담스럽고 막막합니다. 부모님에게 제일 처음 연락했을 때 말하기 제일 좋은 것은 아이의 기도 제목이 무엇인지 물어보는 것입니다.

먼저, 자기가 누구인지 부모님에게 소개하고 아이의 기도 제목이 무엇인지 물어봅니다. 아이를 사랑하는 마음으로 아이를 위해 무엇을 기도할지 물어봤을 때 안 좋아할 부모님은 단 한 명도 없습니다. 그러니 주저하지 말고 전화합시다.

2. 꾸준히 연락합시다!

담당 교사는 아이 부모님에게 꾸준히 연락해야 합니다. 매주는 아니더라도 한 달에 한 번이나 두 번 정도 연락해서 아이 기도 제목이 무엇인지 물어봅니다. 그리고 청소년부에서 일어나는 여러 소식도 함께 전해 주면 부모님들에게 큰 도움이 됩니다.

3. 학부모 간담회 어렵지 않습니다!

　일 년에 두 번 정도 학부모님들을 초청해서 간담회 형식으로 함께 하는 시간을 가지면 좋습니다. 부모님들을 초청해서 여러 주제를 가지고 다양하게 함께 나눌 수 있습니다. 부모님들은 사춘기를 지나고 있는 청소년을 신앙적으로 잘 양육할 수 있기를 누구보다 간절히 바라고 있습니다.

　부모님들을 대상으로 청소년 시기에 겪는 특징과 그들을 어떻게 잘 인도할 수 있을지를 함께 나누면 부모님들에게 큰 도움이 될 수 있습니다. 그리고 아이들을 위해 함께 기도하는 시간을 가지면 부모님들은 교사를 더욱 신뢰하게 됩니다.

제2부

청소년 사역은 하나님과 소통이 제일 중요하다!

청소년 사역할 때 아이들과 소통도 중요하지만, 하나님과 소통도 상당히 중요합니다. 우리가 아이들과 아무리 소통을 잘해도 하나님과 소통이 안 된다면 그 사역은 실패할 확률이 높습니다. 그런데 많은 청소년 교사가 하나님과 소통이 단절된 채 사역을 감당하려고 합니다.

교사가 하나님과 소통이 단절되는 순간 하나님에게서 오는 은혜를 받지 못하게 되며 그렇게 되면 아이들을 인간적인 방법과 힘으로 양육하려고 합니다. 그럼, 결국 완전히 지쳐버려서 나중에는 청소년 사역을 그만두게 되는 것이죠. 우리는 하나님의 동역자로 하나님과 소통을 가장 중요하게 생각해야 하며 이것이 우리 목숨 줄이라 생각하고 최선을 다해야 합니다.

그렇다면 우리는 하나님과 어떻게 소통할 수 있을까요?

우리는 매일 하나님의 은혜를 받아야 합니다!

청소년 부서에서 청소년의 꽃이라 불리는 것이 있는데 무엇인지 알고 있나요, 바로 수련회입니다. 저는 수련회를 할 때 수련회 마지막 날 저녁 집회가 끝날 무렵 학생들에게 꼭 하는 말이 있습니다.

애들아, 오늘 받은 은혜는 오늘로 끝내자. 그리고 내일부터 새롭게 주실 하나님의 은혜를 기대하자!

제가 아이들에게 이 말을 하는 이유가 있습니다. 수련회 기간에 은혜받고 성령으로 충만했던 아이들이 주일 예배 때 다시 만나면 예전에 생기 없던 눈빛으로 돌아가 있는 모습을 본 적이 한두 번이 아니기 때문입니다.

그래서 저는 수련회 마지막 날 집회가 끝나갈 무렵 아이들에게 수련회 때만 반짝하지 말고 매일 삶 속에서 하나님이 주시는 은혜를 사모하자고 말합니다. 그리고 매일 하나님이 주시는 은혜를 받아야 한다는 이 가르침은 교사에게도 똑같이 적용됩니다. 교사는 매일 하나님이 주시는 은혜를 받아야 합니다.

만약 교사가 하나님이 주시는 은혜를 계속 공급받지 못하게 되면 어떤 일이 일어나는 줄 아십니까? 처음 교사를 할 때의 열성과 마음이 완전히 식고 나중에는 사역을 하나님의 은혜가 아닌 육신의 힘으로, 내 지혜로 감당하려고 합니다. 그런데 교사가 하나님이 주시는 은혜 없이 영혼을 살리는 일을 감당할 수 있냐면 100퍼센트 감당해 내지 못합니다. 내 힘으로 버티고 버티다가 결국엔 지쳐서 교사 자리를 내려놓게 됩니다.

예전에 새벽 기도가 끝나고 학생 한 명을 학교에 데려다준 적이 있습니다. 그 학생이 다니는 학교는 집에서 학교까지 거리가 차로 50분을 타고 가야 했습니다. 저는 그 학생을 태우고 내비게이션을 따라 열심히 가고 있었는데요. 갑자기 핸드폰에서 소리가 울렸습니다. 무슨 소리인지 궁금해서 핸드폰을 자세히 쳐다봤더니 핸드폰 배터리가 10퍼센트만 남아 있었습니다.

10퍼센트만 남아 있어도 충전기로 충전하면 되는데 그날따라 충전기가 보이지 않았습니다. 기억을 더듬어 보니 집에 충전기를 놔두고 온 것이 생각났습니다. 그리고 아직 학교까지 남은 거리는 차로 20분을 더 가야 했습니다.

갑자기 머리에 식은땀이 흐르기 시작했습니다. 대구에서 오래전부터 살았으면 굳이 내비게이션이 없어도 찾아갈 수 있었겠지만, 저는 평생 부산에서 살았기에 아직 대구 지리를 잘 알지 못했습니다.

'이제 곧 핸드폰이 꺼질 텐데, 핸드폰이 꺼지면 어떻게 애를 데려다 주지?'라는 걱정이 가슴속에 가득했습니다.

> 나: ○○아. 지금 좀 큰일 났어 …
> 학생: (놀라면서) 목사님, 무슨 일이에요?
> 나: 목사님 핸드폰 배터리가 10퍼센트 밖에 안 남았어 …
> 학생: 아~ 목사님. 걱정 마세요. 제 핸드폰이 있잖아요. 네이버 앱으로 가면 돼요.
> 나: (안도하며) 와우. 다행이다.

다행히 그 학생의 핸드폰에 배터리가 가득 남아 있었습니다. 그래서 그 학생 핸드폰을 켠 채 우리는 학교까지 무사히 도착할 수 있었습니다. 그런데 여기서 끝이 아니었습니다. 아직 더 큰 문제가 남아 있었습니다. 저도 집으로 돌아가야 하는데 어떻게 돌아가는지 전혀 알 수 없었던 것이죠.

과연 어떻게 됐을까요?

다행히 저는 그 학생을 학교에 몇 번 데려다준 적이 있어서 가는 길이 드문드문 떠올랐습니다. 저는 기억을 더듬으면서 천천히 운전했고 50분 걸리는 거리를 무려 두 시간 동안 운전해서 집에 도착했습니다. 제가 핸드폰 배터리를 통해 여러분에게 말씀드리고 싶은 이야기가 있습니다.

핸드폰도 계속 충전이 안 되면 금방 꺼져버리듯이 우리도 하나님이 주시는 은혜를 지속해서 받지 않으면 병들어 버린다는 것입니다. 교사는 매일 하나님이 주시는 은혜를 받아야 합니다. 그래야 살 수 있습니다. 그래야 영혼을 품을 수 있습니다.

여러분 매일 하나님이 주시는 은혜를 사모하고 있습니까?

2
우리는 살기 위해 기도해야 합니다!

여러분 그렇다면 우리는 어떻게 하나님 은혜를 지속해서 받을 수 있을까요?

그것은 한 가지 방법밖에 없습니다. 우리는 말씀과 기도로 계속해서 충전을 받아야 합니다. 만약 말씀과 기도 생활이 우리 삶 속에서 제대로 되지 않는다면 우리 영혼은 병든 채로 죽어갈 것이며 우리가 맡은 영혼들까지 죽어갈 것입니다.

제가 왜 이렇게까지 심각하게 이야기하는지 아십니까?

저는 이 사실을 그 누구보다 뼈저리게 체험했기 때문입니다.

첫 사역 삼 년을 마치고 26살이 되었을 때 그다음으로 간 사역지는 어느 한 교회의 중등부였습니다. 당시 그 교회 장년 성도가 약 700명 정도 있는 교회였습니다. 첫 사역지보다 규모가 훨씬 큰 교회였기에 개인적으로 많이 기대했습니다. 왜냐하면, 교회가 큰 만큼 아이들도 많고 교사도 많을 것이라고 생각했기 때문입니다.

시간이 지나고 드디어 중등부에 가서 선생님들과 첫인사를 하는데 정말 황당했던 기억이 아직도 생생합니다. 중등부 전도사로 부임해 온 첫날 중등부 선생님 중 절반이 그만둔다고 하셨기 때문입니다. 남아있는 선생님은 부장 선생님을 제외하고 세 명이었습니다.

저는 부장 선생님과 함께 중등부 선생님을 구하기 위해 교회 곳곳을 열심히 찾아다녔습니다. 하지만 아무도 중등부 선생님을 하려고 하지 않았습니다. 그 교회에서 중등부는 기피 대상이었던 것이죠. 기대하는 마음으로 새 사역지로 왔는데 처음부터 문제가 산더미처럼 쌓여 있었습니다. 하지만 저는 이미 청소년 사역을 삼 년 동안 해왔기에 교사가 부족하더라도 제가 열심히 하면 된다는 생각으로 열심히 사역했습니다.

교육 전도사였지만 평일에 아이들한테 연락하고 토요일이 되면 아이들을 만나러 다녔습니다. 예배 후에는 선생님들과 함께 교사 모임을 하면서 소속감을 느끼고 하나가 됐습니다. 삼 년째가 됐을 때부터 사역에 날개가 달린 듯했습니다. 아이들이 많이 몰려들기 시작했습니다. 25명이던 중등부가 친구 초청 주일을 했는데 정확하게 100명이 왔습니다. 교회에서는 수십 년 만에 처음 있는 일이라고 했습니다.

그때부터 중등부에 기적이 일어났습니다. 매주 적게는 40명, 많게는 60명이 넘는 아이가 중등부 예배에 참석했습니다. 말 그대로 대박을 터트린 것이죠. 그렇다고 단순히 아이들만 많이 온 게 아니었습니다. 공동체 분위기도 상당히 좋았습니다. 선생님들이 서로 하나가 되어 열심히 아이들을 섬겼습니다.

그리고 저도 정말 열심히 사역했습니다. 예를 들어, 매주 설교 노트를 내는 아이들에게 A4용지 1-2장 분량의 편지를 썼습니다. 매주 30통 정도 썼었는데 이걸 다 쓰려면 보통 3-4시간이 걸렸습니다.

또 아이들을 집에 자주 초대해서 고기를 먹이고 밤을 새우며 놀았습니다. 지금 생각해 보면 어디서 그런 열정이 나왔는지 생각될 정도로 최선을 다했습니다. 주변 사람들은 그런 제 모습을 보고 너무 잘하고 있다고 말했습니다. 저 역시도 열정 있게 사역했기에 재미있었습니다.

그런데 어느 순간부터 사역하는 데 제 마음에 기쁨과 평안이 점점 없어져갔습니다. 즐거웠던 사역이 너무 어렵고 버겁게 느껴졌습니다. 더 답답했던 것은 제가 왜 이러는지 이유를 알 수 없었습니다. 저는 몇 개월 고민 끝에 사역을 완전히 그만두기로 마음먹었습니다.

여러분 사역을 잘하고 있던 제가 왜 이렇게 됐을까요?

그때는 몰랐습니다. 나중에 알게 된 사실은 하나님이 주시는 은혜 없이 사역을 내 힘으로 감당하려다 보니 한계점이 온 것이었습니다. 저는 아이들을 위해서라면 온 힘을 다해 시간과 물질을 쏟아부었습니다.

하지만 저는 어느 순간부터 하나님과 관계를 소홀히 하기 시작했습니다. 말씀과 기도를 게을리했습니다. 결국, 말씀과 기도로 저의 영을 충만하게 채우지 못하니까 어느 순간부터 점점 지치기 시작하더니 나중에는 완전히 쓰러졌던 것입니다.

당시 저는 사역을 더 이상 하지 않기로 마음먹고 부모님이 계시는 거제도로 내려갔습니다. 아내와 아직 말도 못 하는 첫딸을 뒤로한 채 거제도에 있는 조선소 협력업체에 다니기 시작했습니다. 한 달을 그렇게 다녔을까요, 마음이 편하지 않았습니다.

하나님의 자녀가 하나님을 피해 도망쳤는데 마음이 편할 리가 없었던 것이죠. 늘 하나님에게 죄송스러운 마음으로 가득했습니다. 당시 저는 매일 새벽 4시 30분에 일어나서 조선소에서 오는 차를 타러 정류장까지 걸어가야 했습니다.

그런데 그 거리가 꽤 걸렸습니다. 20분을 걸어가야 했습니다. 추운 겨울날 바닷바람을 맞으며 옷을 머리까지 꽁꽁 싸맨 채 혼자서 그 새벽길을 걸어갔습니다. 저는 한 달 동안 추운 새벽길을 걸어가면서 이렇게 속으로 빌고 또 빌었습니다.

하나님, 죄송합니다 … 죄송합니다 …

그날도 어김없이 새벽 4시 30분에 일어나서 옷을 둘둘 말아 입고 완전무장을 한 채 길을 나섰습니다. 그날도 혼자 걸어가면서 속으로 외쳤습니다. "하나님 죄송합니다. 저를 용서해 주세요"라고 말입니다. 그렇게 걸어가고 있는데 그날따라 달이 너무 환하게 비쳤습니다. 환한 달을 쳐다보면서 가는데, 그때 제 마음 가운데 하나님이 저의 죄를 용서해 주셨다는 마음의 확신과 함께 기쁨과 평안이 물밀듯 흘러넘쳤습니다.

그때 저는 울면서 그 새벽길을 걸어갔습니다. 그때 저는 깨달았습니다. 하나님이 부족한 저를 용서해 주셨다는 것을요.

**아 … 하나님이 더러운 나를 용서해 주셨구나!
그래, 다시 시작하자!**

그날 저는 거제도에서 모든 것을 정리하고 다시 사역의 길을 가겠노라고 선포했습니다. 그때 저는 실패한 것 같았지만 실패가 아니었습니다. 하나님은 그 일을 통해 제게 다음과 같은 아주 중요한 것을 가르쳐 주셨습니다.

너를 위해 살지 말고 나를 위해 살아라!

저는 그때 당시 목사로 성공하려면 스타 목사, 즉 유명한 목사가 되어야 한다고 생각했습니다. 그래서 제가 속한 부서에서 사역을 잘해서 부흥을 일으켜서 유명해져야 사람들이 주목하는 인생, 성공한 인생이 될 수 있다고 생각했습니다. 하지만 아니었습니다. 저의 그런 마음은 하나님을 위해 사는 것처럼 보였지만 철저하게 저를 위한 것이었습니다.

저는 그 사실을 너무나 처절히 깨닫게 되었습니다. 저는 지금도 힘든 일이 생기거나 마음이 해이해지려고 하면 그때 그 새벽길을 기억합니다. 제 인생에서 가장 절망스럽고 고통스러웠을 때 말입니다.

또한, 그런 저를 용서해 주시고 다시금 은혜를 주신 예수님을 기억합니다.

그래서 저는 매일 새벽 기도에 최선을 다합니다. 어떤 일이 있어도 새벽 기도회는 빠지지 않으려고 노력합니다. 왜냐하면, 제가 살아야 하기 때문입니다. 제가 이렇게까지 새벽 기도에 목숨 거는 이유는 매일 새벽 하나님 은혜를 달라고 간절히 기도하지 않으면 제가 영적으로 거룩하게 살 수 없는 연약하고 더러운 죄인임을 알기 때문입니다.

그래서 저는 새벽 기도를 가서 목 놓아 하나님을 부르짖습니다. 주님 은혜 없이는 살 수 없다고 간절히 애타게 기도하려고 합니다. 여러분 우리는 살기 위해 기도해야 합니다. 기도할 때 하나님 은혜가 우리에게 임하는 것입니다.

우리는 분명히 기억해야 합니다. 교사는 매일 하나님이 주시는 은혜를 받아야 한다는 것을요. 그래야 하나님이 우리에게 맡겨주신 영혼들을 품을 수 있습니다. 하나님 은혜는 곧 말씀과 기도입니다.

우리는 기본으로 돌아가야 합니다!

3
기도할 때 하나님의 역사가 일어납니다!

때로는 시간이 지난 뒤에 과거를 돌아보면 하나님이 하신 일들이 보일 때가 있습니다. 책을 쓸 생각이 전혀 없었던 제가 2022년 1월에 『얘들아! 하나님 감성이 뭔지 아니?』라는 책을 출간했습니다. 그런데 책을 썼을 때가 언제였냐고 하면 코로나19가 가장 심할 때였습니다. 그 당시 코로나19로 많은 교회가 예배를 제대로 드리지 못할 때였습니다.

그런데 저는 어떻게 그럴 때 책을 쓸 수 있었을까요?

여러분, 코로나19가 국내 어디에서부터 시작되었는지 아십니까?

바로 제가 당시 사역하고 있던 대구였습니다. 당시 대구 신천지에서 확진자가 수천 명이 나왔습니다. 그 당시 대구를 폐쇄해야 한다는 말이 나올 정도로 상당히 심각했습니다.

당시 제가 사역하던 교회는 삼 개월 동안 현장 예배를 드릴 수 없었습니다. 그나마 제가 할 수 있는 일은 교회에 출근한 채 하루 종일 앉아서 코로나19 뉴스를 보는 것이었습니다. 원래대로라면 매일 평일 오후만 되면 아이들을 만나러 학교와 집 앞으로 찾아갔을 텐데, 아이들을 만나고 싶어도 더 이상 만날 수 없었습니다.

그렇게 몇 주가 흘렀을까요, 하루는 담임목사님이 교역자들을 부르시고는 이렇게 말씀하셨습니다.

교회 문을 열어 놓겠습니다. 평일에 언제든지 나와서 기도합시다.

담임목사님은 어렵고 힘들수록 더욱 기도해야 한다고 말씀하셨습니다. 그래서 교회 문을 열어놓을 테니 넓은 본당에서 언제든지 나와서 기도하자고 말씀하셨습니다. 저는 담임목사님의 말씀을 듣고 한 가지 큰 결심을 했습니다. 새벽뿐만 아니라 저녁에도 교회에 나와서 기도하기로 마음먹었습니다. 담임목사님의 말씀이 있은 뒤에 저는 매일 새벽과 저녁에 나와서 하나님에게 간절히 기도했습니다.

매일 교회 본당에서 코로나19로부터 대한민국을 지켜달라고 교회를 지켜달라고 가족을 지켜달라고 간절히 부르짖었습니다. 기도하는 가운데 하나님의 강력한 만지심이 있었습니다. 기도하는 데 영혼을 향한 하나님의 사랑과 긍휼이 느껴졌습니다. 너무나 생생하게 하나님의 마음이 전해져 오는 것 같았고 저는 더욱 간절히 기도할 수밖에 없었습니다.

그리고 기도하면서 지금까지 걸어왔던 제 신앙을 다시 되돌아볼 수 있었고 주님 앞에 간절히 회개하는 시간을 가졌습니다. 코로나19

로 전국이 떠들썩했지만 정작 제 마음에는 기쁨과 평안이 흘러넘쳤습니다.

　월요일부터 금요일까지 아침저녁으로 기도한 지 7개월이 지났을 때였습니다. 저는 이대로는 안 되겠다고 생각하고 코로나19로 자주 만나지 못하는 아이들을 위해 블로그에 글을 쓰기 시작했습니다.

　아이들이 10대 시절에 꼭 알고 있어야 할 중요한 주제들을 하나씩 정해서 글을 썼습니다. 한 번 글을 쓰기 시작하자 미친 듯이 글을 써 내려갔습니다. 그리고 어느 순간 저의 블로그에는 책 한 권을 낼 수 있는 분량의 원고가 만들어져 있었습니다.

　모든 것이 하나님의 은혜였습니다. 저는 『애들아! 하나님 감성이 뭔지 아니?』를 출간할 수 있었던 이유가 바로 기도에서부터 시작되었다고 확신합니다. 그때는 알 수 없었지만, 시간이 지난 뒤에 돌아보니 칠 개월의 시간 동안 기도를 통해 생생한 하나님의 마음을 깨달을 수 있었고 그 마음들을 글로 써 내려갈 수 있었습니다. 여러분, 우리가 하나님에게 간절히 기도할 때 하나님이 역사하십니다.

　우리가 하나님 앞에 나와서 간절히 기도할 때 우리 눈에 보이지 않지만, 하나님은 일하십니다. 우리는 믿음으로 하나님에게 간절히 기도하며 하나님의 선하신 인도하심에 순종해야 합니다.

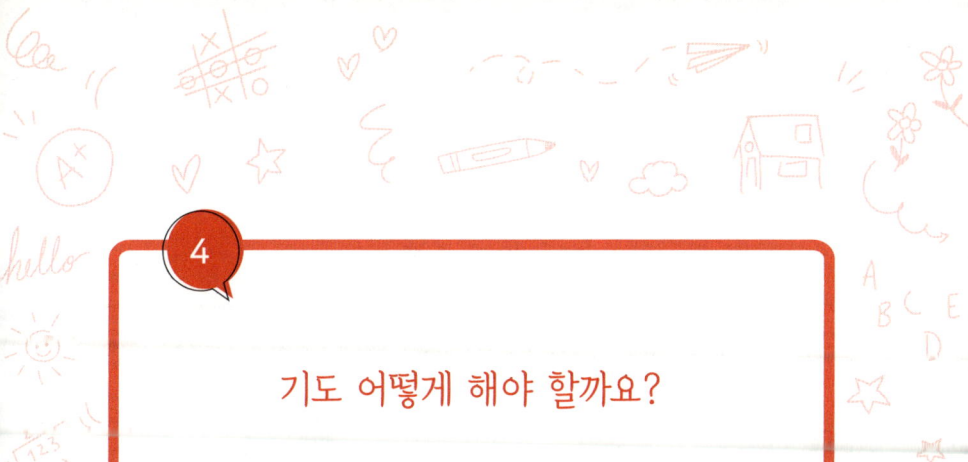

기도 어떻게 해야 할까요?

하나님은 기도를 통해 우리를 만나시고 하나님 뜻을 이뤄가십니다. 이것은 바꿀 수 없는 하나님의 법칙입니다. 그렇기 때문에 교사는 반드시 기도해야 합니다.

그렇다면 우리는 기도할 때 어떻게 기도해야 할까요?

저는 기도는 철저하게 훈련되는 것이라고 말하고 싶습니다.

즉, 처음부터 기도를 잘할 수 없다는 것이죠. 그래서 우리는 기도를 어떻게 하는지 배워야 하며 훈련해야 합니다. 그럴 때 우리는 기도를 통해 하나님 능력을 체험하게 될 것입니다.

자, 지금부터 기도를 어떻게 하는지 배워봅시다.

1. 기도할 수 있는 장소를 정하십시오.

　기도하기 전 가장 중요한 것은 기도할 장소를 찾는 것입니다. 우리가 찾는 그 장소는 오직 하나님과 1:1로 만날 수 있는 곳이어야 합니다. 즉, 누구의 방해도 받지 않는 곳에서 기도해야 합니다. 지금 당장 그런 장소를 찾기 바랍니다. 예전에 제자훈련을 하면서 제가 아이들에게 기도할 장소를 찾으라고 말하자, 학생 한 명이 이렇게 말한 적이 있습니다.

　　학생: 목사님! 저는 기도하는 곳이 지하철인데 괜찮아요?
　　나: 지하철? 아 … 거기서 기도한다고?
　　학생: 네! 찬양 들으면서 기도해요.
　　나: 아 그렇구나! 그래. 그것도 하나님에게 드리는 기도야. 잘 했어! 그런데 지금 목사님이 말하는 건 네가 하나님과 1:1로 만날 수 있는 장소를 정했으면 좋겠어. 이제 지하철에서도 기도하고 또 하나님과 1:1로 만날 수 있는 장소도 정해 보자.
　　학생: 아! 네. 알겠습니다.

　이 학생 말처럼 사람들이 많은 곳에서도 하나님에게 기도할 수 있습니다. 그러나 그때는 주변에 사람들이 있기 때문에 하나님에게 집중하기 어렵습니다. 만약, 여러분 중에서도 자동차나 지하철을 타고 다니면서 기도하는 분이 있다면 원래 하던 대로 계속 기도하되,

따로 특별한 장소를 정하기 바랍니다. 하나님과 1:1의 시간을 온전히 집중하며 나아갈 때 역사하시는 하나님 은혜가 크다는 것을 기억합시다.

2. 기도할 시간을 정하십시오.

첫 번째로 장소를 정했으면 두 번째로 시간을 정하십시오. 시간은 매일 변경되기보다 일정한 시간이 좋습니다. 다니엘도 예루살렘을 향해 하루에 세 번 기도했던 것처럼 우리도 시간을 정해서 하나님에게 기도해야 합니다. 시간을 정하면 그 시간만큼은 기도 시간이 되기 때문에 다른 하던 일을 멈추고 기도해야 합니다. 기도 시간은 적어도 15분 이상 하는 것을 추천합니다.

처음 기도할 때 기도를 어떻게 할지 몰라서 1분 이상 기도하면 할 말이 없을지도 모릅니다. 하지만 기도는 훈련입니다. 계속해서 기도하는 습관을 들이고 기도해야 합니다. 저도 처음에 기도했을 때 막상 기도 하려고 하니 무슨 말을 어떻게 해야 하는지 몰랐습니다. 제 딴에는 열심히 기도했는데 시간이 지난 후 고개를 들어보니 10분은커녕 3분밖에 지나지 않았습니다.

그런데 그랬던 제가 이제는 매일 새벽마다 한 시간 이상씩 기도하는 사람이 되었습니다. 비결은 훈련이었습니다. 저는 기도 시간을 조금씩 늘려갔습니다. 처음 3분을 기도했다면 그다음 날에는 5분을 기도하고 그다음 날에는 10분을 기도하는 식으로 점차 시간을 늘려 갔습니다. 그러자 어느 순간부터 한 시간을 앉아서 기도할 수 있게 되었습니다.

  우리는 기도에 성공하기 위해 시간을 정해야 합니다. 제일 좋은 것은 교회에서 정해진 시간에 기도하는 것입니다. 새벽 기도에 참석합시다. 저는 어떤 일이 있어도 새벽 기도에 참석하려고 노력합니다. 왜냐하면, 고요한 새벽 시간에 하나님 앞에 나아갈 때 하나님이 주시는 은혜가 너무나 큰 것을 알게 되었기 때문입니다.

3. 간절함으로 기도해야 합니다

  2003년 9월 태풍 '매미'가 대한민국을 휩쓸고 간 적이 있었습니다. 그 당시 대한민국은 태풍 '매미'로 상당한 피해를 보았습니다. '매미'로 인해 130명의 인명 피해가 났으며 재산 피해는 무려 4조 2,225억 원이었으며 4,089세대 1만 975명의 이재민이 발생했습니다.

  아직도 그때 기억이 생생한 이유는 제 인생에서 처음으로 간절히 기도했기 때문입니다. 당시 아버지가 배를 타고 계셨는데 태풍 '매미'로 배가 잘못하면 가라앉을 수도 있다고 연락이 왔습니다. 저는 태풍이 제일 강하게 불던 저녁, 교회에 나와서 아버지를 위해 기도했습니다. 아버지가 타고 있는 배를 지켜 달라고 눈물을 흘리며 간절히 기도했습니다. 두 시간 정도 기도했을 때 제 마음속에 알 수 없는 평안함이 몰려왔습니다. 그때 저는 처음으로 깨달았습니다. '하나님이 내 기도를 듣고 계시는구나!'라고 말입니다.

그다음 날 아버지께 연락을 받았습니다. 배가 가라앉을 뻔한 세 번의 큰 위기가 있었지만 다행히 무시할 수 있었다는 소식이었습니다. 저는 그때 처음으로 간절하게 기도하는 것이 얼마나 중요한 것인지 알 수 있었습니다.

저는 학생들과 기도할 때 간절히 기도해야 한다고 가르칩니다. 기도는 하나님에게 우리의 간절함을 나타내는 것입니다. 우리가 간절한 마음으로 하나님을 찾을 때 하나님이 만나 주십니다. 하나님을 향한 간절함이 있어야 합니다. 하나님만이 내 문제를 해결하실 수 있다는 믿음으로 기도해야 합니다.

4. 기도할 때 부르짖으십시오.

> 여러 해 후에 애굽 왕은 죽었고 이스라엘 자손은 고된 노동으로 말미암아 탄식하며 부르짖으니 그 고된 노동으로 말미암아 부르짖는 소리가 하나님께 상달된지라 (출 2:23).

요셉을 알지 못하는 새로운 애굽 왕 바로가 나날이 번성하는 이스라엘 백성을 보며 위기의식을 느꼈습니다. 그래서 바로는 이스라엘의 번성을 막기 위해 고된 노동을 시켰지요. 고된 노동에 이스라엘 백성이 힘들어할 때 그들이 했던 일은 하나님에게 부르짖는 것이었습니다. 그리고 놀랍게도 하나님은 이스라엘 백성이 부르짖는 소리에 응답하셨습니다.

간절히 기도하는 사람들의 공통적인 특징이 있습니다. 간절하면 부르짖게 되어 있습니다. 만약 우리가 가족과 함께 차를 타고 가는데 교통사고를 당했다고 가정해 봅시다. 운전한 나는 괜찮은데 가족 중 한 명이 심하게 다친 것 같습니다. 그럴 때 우리는 큰소리로 "도와주세요!"라고 외칠 것입니다. 누군가 억지로 시켜서가 아닌 자연스럽게 부르짖는 소리가 나올 수밖에 없습니다. 저는 청소년 사역할 때 학생들을 향해 꼭 소리를 내서 부르짖으면서 기도하라고 강조합니다.

기도할 때 조용히 침묵하는 친구들이 있습니다. 눈만 감고 가만히 앉아 있지요. 저는 그런 친구들을 볼 때 입을 열고 하나님을 찾으라고 말합니다. 그러면 아이들이 처음에는 소리 내서 기도하는 것을 어색해하지만 시간이 지나면 간절히 부르짖으며 기도하는 모습을 볼 수 있습니다.

단 성령께서 강하게 임재하시면 그때는 침묵해야 합니다. 저도 처음에는 간절히 부르짖으면서 기도하다가 성령께서 말씀을 깨닫게 하실 때 조용히 침묵하며 기도합니다. 처음에는 내 뜻대로 기도하다가 시간이 지나면 성령께서 기도 제목을 강하게 주실 때가 있습니다. 그때는 성령의 인도하심에 따라 그 기도 제목을 놓고 간절히 기도합니다.

여러분, 기도는 먼저 부르짖어야 합니다. 하나님에게 간절히 부르짖을 때 역사가 일어납니다. 다 함께 큰소리로 하나님 이름을 부르짖으며 기도합시다.

5. 방언 기도를 사모합시다!

여러분, 방언 기도를 사모합시다. 방언은 하나님이 주신 기도 은사입니다. 바울은 고린도 교회를 향해 방언 기도로 많이 기도함에 감사하고 있습니다.

저는 방언을 20살 때 받았습니다. 제가 방언을 받은 상황이 참 특이합니다. 저는 수능을 공부하면서 수능이 끝나면 일주일 동안 기도원으로 가서 금식하겠다고 마음먹었습니다. 그렇게 일 년 동안 열심히 공부하고 마침내 수능이 끝났습니다. 하지만 일주일 동안 금식하겠다던 저의 결심은 쏙 들어가 버렸습니다.

너무 힘들 거 같아서 아예 말도 꺼내지 않고 있었던 것이죠. 하지만 저의 어머니는 제가 했던 말을 기억하고 계셨습니다. 어머니는 저에게 딱 한 마디만 하셨습니다. "맥아, 하나님에게 서원했으면 지켜야 해"라고 말이죠. 저는 일주일을 금식한다는 게 무엇인지도 모른 채 기도원으로 올라갔습니다. 그리고 저는 기도원에 올라가서 하루를 금식하고 난 뒤에 어머니께 전화를 드렸습니다.

나: 엄마, 저 내일 내려갈게요!

어머니: 맥아, 무슨 일 있어?

나: 저, 기도 응답받은 거 같아요.

어머니: 맥아, 금식 작정했으면 끝까지 지켜야 해!

나: 아 … 저, 응답받은 거 같은데 …

어머니: 맥아, 힘들면 성경 읽어라. 파이팅!

나: … 네

    하루 동안 밥을 먹지 않았는데 너무 배가 고팠습니다. 저는 당장 집으로 가고 싶었지만, 어머니의 단호함에 울며 겨자 먹기로 다시 금식을 시작했습니다. 금식하는데 배고픔이 얼마나 힘든 건지 처음 알았습니다. 손바닥 살이 갈라졌고 마음은 갈피를 잡지 못해 너무 힘들었습니다. 그때 성경을 읽으라는 어머니의 말이 떠올랐습니다.

    "성경 어디를 읽을까?"

    고민하다가 창세기부터 읽기 시작했습니다. 창세기를 읽는데 제 인생 처음으로 신기한 경험을 했습니다. 번잡했던 저의 마음에 평안이 임하기 시작했습니다. 그리고 마음에서 알 수 없는 힘이 솟구치기 시작했습니다. 저는 금식하면서 마음이 힘들 때마다 성경을 읽었고 성경을 읽을 때마다 알 수 없는 힘이 솟아났습니다. 그때 저는 처음으로 알게 되었습니다. '말씀에 하나님의 힘이 있구나!'라고 말입니다.

금식한 지 5일째 되던 날 금요일 밤이 되었습니다. 토요일과 주일은 교회에서 맡은 일이 많았기에 금요일 저녁 집회가 마지막이었습니다. 그때 기도하는데 저의 마음속에서 이런 간절한 기도가 흘러나왔습니다.

하나님! 저에게 은사를 주세요. 은사를 주시면 하나님을 위해서 사용하겠습니다.

성경을 읽다가 고린도전서 12장을 본 것 같습니다. 저도 모르게 그런 간절한 기도가 흘러나왔습니다. 기도를 끝마치고 다음 날 집으로 돌아왔습니다. 그리고 며칠 뒤 교회에서 혼자 기도하고 있을 때였습니다. 기도하는데 갑자기 입이 근질거렸습니다. 그리고 제 의지와는 상관없이 이상한 말이 나오려고 했습니다. 저는 너무 놀라서 기도를 멈추고 어머니께 달려갔습니다.

> **나:** 엄마! 저 기도하는데 이상해요. 귀신 들린 거 같아요!
> **어머니:** 왜? 무슨 일이야?
> **나:** 계속 입에서 이상한 말이 나와요.
> **어머니:** (잠시 생각하시더니) 아, 맥아 그거 방언인 거 같아 … 계속 기도해 봐. 하나님이 방언 주셨네
> **나:** 방언이요?

다시 돌아가서 기도하는데 입이 근질거리길래 입이 가는 대로 기도했습니다. 그게 제 방언 기도의 첫 시작이었습니다. 저는 초반에 방언 기도를 어떻게 해야 하는지 몰라 많은 시행착오를 겪어야 했습니다. 그래도 꾸준하게 방언 기도를 했고 지금은 주님 안에서 자유하면서 매일 방언으로 열심히 기도하고 있습니다.

방언은 하나님이 주신 기도 은사입니다. 이 은사를 받았다고 해서 우쭐할 필요도 없고 받지 않았다고 해서 질투할 필요도 없습니다. 다만 저는 하나님이 주신 방언을 받아서 좀 더 오랫동안 기도의 자리에서 기도할 수 있게 된 것에 감사하고 있습니다.

우리 모두 다 겸손한 마음으로 하나님 앞에서 뜨겁게 방언으로 기도합시다. 그리고 방언을 받지 않은 사람이 있다면 사모하기를 바랍니다. 하나님이 사모하는 자에게 은사를 부어 주십니다.

5

말씀을 읽고 묵상해야 합니다

우리는 말씀을 읽고 묵상해야 합니다. 우리가 말씀을 읽고 묵상해야 하는 이유는 말씀을 통해 이 세상을 이길 수 있기 때문입니다. 그리고 말씀을 통해 하나님이 원하시는 거룩한 삶을 살아갈 수 있습니다. 그리고 무엇보다 말씀을 잘 알아야 아이들을 잘 가르칠 수 있습니다. 말씀을 모르면서 아이들에게 말씀을 가르칠 수 없을 것입니다.

그렇다면 우리는 말씀을 어떻게 읽고 묵상해야 할까요?

1. 말씀을 읽을 수 있는 장소를 정하십시오

기도할 때와 마찬가지로 말씀을 읽을 수 있는 장소를 정해야 합니다. 그 장소만큼은 다른 것에 신경 쓰지 않고 편하게 집중해서 말씀을 읽을 수 있는 곳이어야 합니다. 저는 아이들과 제자훈련을 할 때 성경 읽을 장소를 정하라고 합니다.

그러면 아이들이 장소를 정할 때 종종 자기 전 침대 위라고 말하는 경우가 있습니다. 그런데 이런 경우 성경을 읽으면 성경 말씀이 자장가처럼 들리는 경우가 많습니다. 침대에 누워서 잘 준비를 해놓고 성경을 읽으면 당연히 잠이 올 수밖에 없습니다. 성경을 읽을 때 다른 것에 방해받지 않고 집중해서 읽을 수 있는 장소를 정해야 합니다.

어떤 친구는 학교를 등교 시간보다 한 시간 일찍 가서 성경을 읽는다고 말합니다. 학교에 일찍 가면 그 시간에는 아무에게도 방해받지 않기 때문에 성경을 읽을 수 있어서 좋다고 말했습니다. 이처럼 하루를 시작할 때 성경과 함께하는 것도 상당히 좋은 방법입니다.

2. 시간을 정하십시오

성경을 읽을 시간을 정해야 합니다. 많은 학생이 시간이 될 때 성경을 본다고 말하는데 이것은 상당히 잘못된 마음입니다. 성경을 본다는 것 자체가 하나님을 만나는 것이기 때문에 우리는 시간이 될 때 본다는 생각으로 성경을 봐선 안 됩니다. 시간을 정해서 이 시간만큼은 하나님을 알아가고자 하는 간절한 마음으로 성경을 읽어야 합니다. 성경 읽는 시간을 정할 때 가장 중요한 점은 내가 집중해서 성경을 읽을 수 있는 시간이어야 합니다.

하나님은 마음을 보는 분입니다. 다른 거 할 거 다 하고 시간이 남을 때 살짝 읽는 것과 하루 일과 중 내가 가장 집중할 수 있는 시간에 성경을 읽는 것을 다 알고 계십니다. 내가 최고로 집중할 수 있는 시간에 성경을 읽읍시다. 하나님이 주시는 은혜가 더욱 클 것입니다.

3. 공과 공부를 위해서만 읽지 맙시다

공과 공부를 준비할 때 성경을 자연스럽게 보게 됩니다. 그러나 우리는 그 시간은 성경 읽는 시간과 따로 분류해야 합니다. 내가 은혜받기 위해 개인적으로 성경을 묵상하는 것과 가르치기 위해 성경을 묵상하는 것은 다르기 때문입니다.

당연히 공과를 준비하면서 말씀을 읽으면 은혜가 됩니다. 성령의 강한 기름 부으심이 있습니다. 그렇지만 공과 때문에 성경을 읽는 것은 하나님의 말씀을 잘 가르치기 위해 읽는 것이기 때문에 특별한 시간 외에는 성경을 읽지 않게 됩니다.

즉, 공과를 준비할 때만 성경을 읽게 되는 것이죠. 우리는 그런 시간도 특별히 정하고 따로 내 영혼을 위해 성경을 읽는 시간도 정해야 합니다. 그래야 내 영혼이 말씀을 통해 은혜를 받고 믿음을 굳건히 지킬 수 있습니다.

4. 성경은 많이 읽어야 합니다. 하지만 그것보다 더 중요한 건 자세히 읽는 것입니다.

성경을 많이 읽는 것도 중요하지만 자세히 읽는 것은 더 중요합니다. 많은 시간을 할애해서 성경을 읽는 것은 너무 좋지만, 성경을 많이 읽으려고 자세히 읽지 않으면 기억에 하나도 남지 않습니다.

우리는 성경을 한 장을, 한 절을 읽더라도 자세히 읽어야 합니다. 성경을 읽을 때 마음속에 기억하고 있어야 할 질문이 하나 있습니다. 그것은 '하나님이 오늘 말씀을 통해 무엇을 말씀하실까?' 입니다.

이런 마음으로 성경을 읽어야 합니다. 이 마음을 가지고 성경을 자세히 읽다 보면 하나님이 주시는 메시지를 발견할 수 있습니다.

5. 교회에서 하는 양육이나 훈련을 꼭 받읍시다.

말씀을 읽으면서 우리가 범할 수 있는 제일 큰 실수는 성경 말씀을 나 스스로 해석하려고 하는 것입니다. 그렇게 되면 하나님이 말씀하시는 것과는 전혀 다르게 본문을 해석할 수 있습니다.

그래서 목회자의 지도를 받아야 합니다. 교회에서 진행하는 양육이나 훈련을 꼭 받도록 합시다. 목회자의 지도 아래 성경을 읽고 배울 때 안전하게 성경을 해석할 수 있습니다.

> **6**

예배에 목숨을 걸어야 합니다.

우리가 청소년 사역하고 있는 교사라면 예배에 목숨을 걸어야 합니다. 예전에 고등학교 2학년 남학생이 한 명 있었습니다. 부모님은 다른 교회를 다니셨고 그 학생은 집에서 가까운 우리 교회를 다녔습니다. 당시 그 학생은 기숙사 학교에 다니고 있었는데 저는 금요일이 되면 한 시간이나 되는 거리를 차로 운전해 학교로 가서 태워 집으로 데려다주곤 했습니다.

그 학생이 여름수련회를 계기로 제자훈련을 받게 되었는데요. 여느 때처럼 제자훈련을 하고 있었는데 그 학생이 머쓱한 표정으로 말했습니다.

학생: 목사님 … 저 … 주일날 못 올 것 같아요.

나: 무슨 일이야, 우리 그때 친구 초청 주일이잖아!

학생: 네 … 저도 꼭 가고 싶은데 이번에 형이 몽골로 연수를 떠나게 돼서 가족끼리 제주도 여행을 가게 됐어요.

나: 아~ 그래. 그럼 어쩔 수 없지 …

학생: 네. 죄송합니다 …

그 학생이 제자 훈련을 받고 있었는데 주일 예배를 나오지 못한다고 말했습니다. 가족과 함께 제주도로 여행을 가야 해서 주일 예배를 나올 수 없다고 말했습니다. 그 주간이 고등부 친구 초청 주일이었는데 그 학생이 못 온다는 소식에 너무 안타까웠지만 어쩔 수 없었습니다. 그 학생 형이 외국으로 일을 하러 가게 되어 온 가족이 함께 가는 여행이었기 때문입니다. 그런데 토요일 저녁 카카오톡 하나가 왔습니다. 제주도에 가족과 함께 여행을 갔던 학생이었습니다.

학생: 목사님! 안녕하세요?

나: 그래 ○○아. 제주도에서 잘 지내고 있어?

학생: 네. 그런데 목사님, 놀라지 마세요.

나: 응?

학생: 저 지금 저녁 비행기로 집에 가고 있어요!

나: (엄청 놀람) 정말이야?

학생: 아버지께 허락받고 혼자서 먼저 출발했어요!

나: 와! 너 정말 멋지다. 조심해서 와라.

학생: 네 목사님. 내일 뵙겠습니다.

그 학생은 친구 한 명을 데리고 주일 예배에 참석했습니다. 저는 너무 궁금했습니다. 학생 혼자 우리 교회를 다니고 있는데 어떻게 부모님을 설득했는지 궁금했습니다. 그 학생이 아버지께 "교회 가야 하니까 저녁에 먼저 비행기 타고 가겠습니다"라고 말했을 때 아버지께서는 "가족 여행인데 너 혼자 신앙 있는 척 그렇게 티를 내야겠니?"라며 언짢아하셨다고 합니다.

그 학생은 그 말을 듣고 너무 서러워서 샤워하면서 혼자 울었다고 합니다. 하지만 포기하지 않고 끈질긴 요구 끝에 아버지 허락을 받고 저녁 비행기를 타고 집으로 돌아온 것입니다. 누군가는 이 학생의 믿음을 보면서 "대단하다"라고 말할지 모르겠습니다. 하지만 저는 대단한 것이 아니라 하나님 백성으로 당연히 지켜야 할 기본이라고 말하고 싶습니다. 우리 약속과 스케줄보다 더 우선 되어야 하는 것이 교회에서 드리는 주일 예배임을 기억해야 합니다.

주일 예배를 가볍게 여기는 것은 곧 하나님을 가볍게 여기는 행동임을 기억해야 합니다. 우리는 주일에 교회에서 드리는 예배에 최선을 다해 드려야 합니다. 주일 예배는 구원받은 하나님의 백성이 지켜야 할 하나님 계명이기 때문입니다.

그러나 요즘 현실을 보면 "안식일을 거룩히 지키라"는 하나님 말씀이 무색해져 버린 것 같습니다. 주일에 교회에서 드리는 예배를 너무 가볍게 생각하는 것이 지금 현실입니다. 하나님은 모세에게 십계명을 주셨습니다. 십계명은 하나님의 백성이 평생을 지켜야 할 하나님 말씀입니다.

예수님은 십계명을 하나님을 사랑함으로 지킬 수 있다고 말씀하셨습니다. 하나님을 사랑하면 하나님 외에 다른 신을 섬길 수 없고, 하나님의 이름을 함부로 말하지 않으며, 우상 숭배를 할 수 없으며, 부모님에게 효도하게 되며, 간음을 멀리하게 되며, 살인하지 않게 되며, 도둑질하지 않게 되며, 거짓말하지 않으며 이웃의 것을 탐내지 않게 되는 것이죠.

그런데 한 가지 안타까운 것은 사람들이 십계명에 아홉 가지 계명을 지키지 않는 것은 다 큰 죄악이라고 말하면서도 정작 네 번째 계명인 안식일을 거룩히 지키는 것은 너무나 가볍게 생각합니다. 내 약속과 일정에 따라 예배는 드리지 않아도 되는 것으로 착각하고 있습니다.

교사가 예배 때 은혜를 받지 못하면 학생들에게 하나님 말씀을 가르치는데 많은 어려움이 있을 것입니다. 우리는 절대 예배를 소홀히 해선 안 됩니다.

그럼 주일을 거룩히 지킨다는 게 과연 무엇일까요?

1. 주일은 내가 쉬는 날이 아니라 하나님에게 예배드리는 날임을 기억해야 합니다.

주일은 일주일에 한 번 쉬는 날이기 이전에 먼저 하나님에게 거룩히 예배드리는 날임을 기억해야 합니다. 많은 교사가 주일을 하나님에게 예배드리는 날로 생각하지 않고 자기가 쉬는 날로 생각합니다.

그래서 주일 예배를 빠지고 여행을 가거나 예배 시간도 뒤로하고 자기 일을 먼저 합니다. 여러분, 이런 모습은 하나님 백성으로 제대로 된 자세가 아닙니다. 그리고 교사 중에 장년 예배에 소홀히 하는 경우도 있습니다. 장년 예배를 빠지고 청소년부 예배만 드린다거나, 습관적으로 장년 예배를 드리지 않는 것이죠.

예전에 사역하던 교회에서도 교사 한 분이 장년 예배에 참석하지 않았습니다. 청소년부 예배만 드리고 집으로 돌아갔지요. 저는 그 교사에게 청소년 예배 말고도 장년 예배를 꼭 드리라고 권면했습니다. 하지만 권면 후에도 그 교사는 장년 예배를 드리지 않았습니다. 저는 그다음 해에 그분을 교사로 뽑지 않았습니다. 우리가 교사라면 반드시 장년 예배에 참석해야 합니다.

우리가 예배에 소홀하면 내가 맡은 아이들도 예배에 소홀할 수밖에 없습니다. 내가 예배를 사모하지 않는다면 내가 맡은 아이들도 예배를 사모하지 않습니다. 다시 한번 더 간곡히 부탁드립니다. 우리는 예배에 목숨을 걸어야 합니다. 예배를 통해 하나님이 주시는 말씀을 들어야 합니다. 예배에 꼭 성공하는 여러분이 되길 바랍니다.

2. 주일에 등록한 교회 예배 시간에 맞춰 예배드려야 합니다.

주일을 거룩히 지킨다는 것은 여러분이 다니고 있는 교회 예배 시간에 맞춰 교회에서 예배를 드리는 것입니다. 예배 시간을 여러분

일정에 맞추지 말아야 합니다. 여러분이 예배 일정에 맞춰야 합니다.
예전에 친구 한 명이 저에게 이런 질문을 했습니다.

> **학생**: 목사님, 다음 주일에 예배에 참석하지 못할 것 같아요.
> **나**: 음 … 무슨 일 있어?
> **학생**: 제가 이번에 주짓수 대회를 나가려고 하는데요.
> **나**: 그래. 설마 주짓수 대회가 토요일 아니고 주일이야?
> **학생**: 네 … 이번만 주짓수 대회 나가고 싶어서요.
> **나**: 음 … 그랬구나. 그래도 저번처럼 토요일 대회 나가는 게 어때, 주일은 예배드려야지.
> **학생**: 그럼 목사님, 어른들이 드리는 1부 예배 참석하고 가면 안 될까요?
> **나**: 음 … ○○아, 목사님은 이렇게 생각해. 이미 네 마음속에 예배보다 주짓수가 우선순위가 됐는데 네 일정에 따라 원래 드리는 예배 시간을 바꾸는 건 아니라고 생각해. 네가 한 주 동안 잘 생각해 보고 판단해 보자.

현재 우리에게 개인적인 일이 있으면 예배는 빠질 수 있다는 안일한 생각이 자리 잡고 있지는 않습니까?

저는 여러분이 예배에 대한 간절함이 있었으면 좋겠습니다.

제3부

공과 공부 어떻게 해야 하나요?

공과 공부는 교사에게 가장 중요한 시간이자 부담스러운 시간입니다. 교사는 공과 공부 시간을 알차게 보내고 싶은데 마땅한 방법이 떠오르지 않습니다. 아이들과 함께 신나게 대화하며 공과 공부를 하고 싶은데 아이들의 반응은 하나같이 침묵으로 일관하고 있습니다.

그렇다면 공과 공부는 어떻게 해야 할까요?

어떻게 해야 아이들이 반응할 수 있을까요?

교사들의 공과 공부 유형

1. 공과 공부를 설교처럼 선포하는 교사

제가 사역하던 교회 청소년부에서 유명한 선생님이 한 분 계셨습니다. 이 선생님이 유명했던 이유는 공과 공부를 설교 시간보다 더 오래 했기 때문입니다. 예배가 다 끝나고 아이들과 공과 공부를 하면 최소 30분 이상 공과 공부를 했습니다. 그 선생님은 공과 공부 시간이 되면 설교 때 들었던 본문을 다시 30분 동안 가르쳤습니다. 그만큼 공과 공부에 최선을 다했습니다.

선생님은 아이들에게 성경을 잘 가르치기 위해 나름대로 많은 시간을 들이며 공부를 열심히 해 오셨습니다. 그런데 아이들이 그 선생님 반에 걸리면 거의 다 동일한 반응을 보였는데 큰일이 났다는 표정과 모든 것을 포기한 듯한 표정이었습니다. 왜냐하면, 공과 공부 시간이 너무 길었기 때문입니다.

한 번은 교회에 온 지 얼마 되지 않은 남학생 한 명이 저에게 연락이 왔습니다.

> 목사님, 저 반 바꿔 주세요. 힘들어서 미치겠어요.

그 친구는 교회를 원래 잘 다니다가 멀리 이사를 해서 교회에 나오지 않고 있었는데 수련회를 계기로 다시 고등부 예배에 잘 참석하고 있었습니다. 그런데 문제는 그 남학생이 그 선생님 반에 등록되어 있었던 것이죠. 그 남학생은 아무것도 모르고 몇 번 공과 공부에 참석하더니 저에게 연락이 와서 반을 바꿔 달라고 말했습니다.

그 학생은 선생님이 공과 공부를 너무 오래 하니까 힘들어서 온갖 핑계를 대면서 공과 공부를 빠져나가려고 했습니다. 하지만 그 선생님에게는 소용이 없었습니다. 선생님은 절대 보내 주지 않으셨습니다. 공과 공부가 다 끝나고 나서야 그 친구는 집으로 돌아갈 수 있었습니다. 얼마나 힘들었으면 그 학생은 저에게 반을 바꿔주지 않으면 더 이상 교회에 나오지 않겠다고 협박했습니다. 저는 이렇게 가다간 다시 교회에 나온 한 영혼을 잃어버릴 수 있겠다는 생각이 들어서 반을 바꿔 주었습니다.

그리고 그 선생님은 공과 공부 시간에 아이들이 지루해하거나 집중을 못 해도 끄떡없었습니다. 예를 들면, 공과 공부가 30분이 넘어가면 아이 한 명이 지루해 하는 표정을 지으면 그 선생님은 오히려 나중에 너에게 피와 살이 될 거라며 끝까지 공과 공부를 진행하였습니다.

한 마디로 공과 공부에 목숨을 건 선생님이셨습니다. 그래서 저는 그 선생님 반에 아이들을 배정할 때 어느 순간부터 신앙이 좋고 성격이 무난한 학생들을 배정하게 되었습니다. 새 신자 아이들은 절대 그 선생님 반에서 적응할 수 없었고 교회는 오래 다녔지만 믿음이 없는 아이들도 적응하기 힘들어했기 때문에 그것이 최선의 방법이라고 생각했습니다.

그 선생님은 어떻게든 말씀이 들어가면 아이들이 변하기 때문에 아이들의 반응에 상관없이 계속해서 말씀을 가르쳐야 한다고 말했습니다. 하지만 정작 많은 아이가 그 선생님의 공과 공부를 너무 힘들어했습니다. 왜냐하면, 30분이라는 긴 시간 동안 혼자서 일방적으로 이야기했기 때문입니다.

2. 출석 체크만 하고 끝내는 교사

또 한 번은 새 학기를 시작하고 몇 주가 지난 상황이었습니다. 예배가 끝나고 공과 공부를 하고 있는 반을 쭈욱 둘러보고 있을 때였습니다. 그때 두 명의 여학생이 저를 찾아와서 이렇게 말했습니다.

학생들: 목사님 심심해요. 저희랑 놀아 주세요!
나: 너희들 공과 공부 안 해?
학생들: 저희 다 끝났어요!

나: 벌써?

학생들: 목사님, 저희 출석 체크만 하면 바로 끝나요.

나: 아~ 선생님이 아무 말씀도 안 하시고?

학생들: 네. 다른 아이들은 공과 공부하는데 저희만 너무 일찍 끝나서 찬양팀 연습 기다릴 때까지 너무 심심해요.

나: 그랬구나 …

여학생 2명이 예배가 끝난 이후 저를 찾아와서 심심하다며 놀아 달라고 말했던 이유는 선생님이 반 출석 체크만 하고 공과 공부를 끝냈기 때문입니다. 아이들은 매주 일찍 마치니 찬양팀 연습을 하기 전까지 마땅히 해야 할 것이 없어서 너무 심심하다고 말했습니다. 자기들도 다른 아이들처럼 조금이라도 괜찮으니, 공과 공부를 하고 싶다고 말했습니다.

3. 가장 평균적인 교사

지금까지 제가 봤던 대부분 선생님은 예배 시간에 들었던 설교 말씀을 정리해서 그 정리한 것을 토대로 다시 아이들에게 가르치고 있었습니다. 공과 공부 시간은 10분에서 길게는 20분 정도 가르치고 난 뒤에 끝내는 것이 제가 지금까지 봤던 대부분의 공과 공부 시간이었습니다.

여기서 중요한 것은 공과 공부 시간에 선생님과 아이들 간에 소통이 전혀 없다는 것이었습니다. 선생님들은 공과 공부 시간에 전혀 소통하지 않고 일방적으로 가르치기만 했습니다. 정보 전달만 한 것입니다. 아이들이 어떤 삶을 살아왔고 어떤 기도 제목을 가지고 있는지 듣지 않고 일방적인 정보 전달만 하니까 아이들이 그 시간만 되면 집중하지 못하고 고개만 푹 숙인 채 가만히 앉아 있었습니다.

그중에 착한 아이들은 선생님과 눈빛을 마주치면서 호응해 주지만 마음속으로는 빨리 공과 공부를 마치길 바라는 마음을 가지고 있었습니다.

4. 아이들이 좋아했던 교사는?

그렇다면 아이들이 좋아하는 반 선생님들은 공과 공부를 어떻게 했을까요?

선생님 한 분이 계셨는데 그 선생님 반에 있는 아이들은 선생님을 엄청나게 좋아하고 무척 따랐습니다. 주로 고3을 맡고 있었는데 고등학교를 졸업해도 아이들이 계속해서 찾아오던 선생님이었습니다. 저는 아이들이 그 선생님을 좋아하고 따르는 이유가 궁금했습니다.

그래서 선생님에게 연락을 드려서 어떻게 공과 공부를 진행하고 있는지, 어떻게 아이들과 소통하는지 물어보았습니다.

그 선생님의 가장 큰 특징은 일방적으로 아이들을 가르치려고 하지 않았습니다. 사실상 보통 선생님들이 하는 공과 공부처럼 하지 않았던 것이죠. 설교 시간 때 들었던 말씀을 일방적으로 가르치지 않았습니다. 오히려 그 선생님은 아이들과 대화했습니다. 아이들에게 질문하고 아이들의 말에 공감해 주었습니다. 신기한 것은 반 모임을 오랫동안 해도 아이들이 전혀 지루해하지 않았습니다.

그 선생님은 이렇게 말했습니다.

> 저는 혼자서 일방적으로 말하려고 하지 않습니다. 다만 아이들과 대화하려고 합니다. 아이들과 대화하기 위해서는 친밀해져야 합니다. 평소에도 아이들에게 연락합니다. 그런 제 모습을 아이들이 좋게 봐주는 것 같습니다. 전 너무 부족합니다.

이제 아이들이 따르는 선생님이 어떤 유형인지 감이 오시나요?

그렇다면 우리는 어떻게 해야 아이들도 만족하고 선생님도 만족하는 공과 공부를 할 수 있을까요?

공과 공부, 이렇게 해보자!

공과 공부는 선생님이 어떻게 하느냐에 따라 학생들의 집중도가 엄청나게 달라집니다. 공과 공부를 통해 아이들이 하나님의 사랑을 알고 변화되기도 하며 아니면 빨리 마치고 싶은 부담스러운 시간으로 생각하기도 합니다.

그렇다면 어떻게 공과 공부를 해야 할까요?

여러분 공과 공부도 아이들과 공감하는 공과 공부를 해야 합니다. 그렇다면 아이들과 공감하는 공과 공부란 과연 무엇일까요?

1. 3분 동안 학생들끼리 삶을 나누자(3분)

각 반에 학생들이 서로 잘 모르는 경우가 많습니다. 즉, 친구들끼리 서로 얼굴과 이름은 알고 있지만 친하지 않다는 것이죠. 그래서 같은 반을 해도 일 년 동안 전혀 교제도 하지 않은 채 적막한 사이로 지내다가 끝나는 경우가 많습니다. 이때 선생님의 역할이 중요합니다. 서로 친해질 수 있는 시간을 선생님이 만드는 것이죠.

저는 제자훈련을 할 때 이것을 매번 하는데, 아이들 반응이 정말 좋았습니다. 먼저, 각 반에 학생이 두 명씩 짝을 지어 3분 동안 서로 삶을 나누며 기도 제목을 나누게 하는 것입니다. 만약 학생이 5명이 왔다면 선생님도 함께 참석하면 됩니다. 자리는 서로 무작위으로 앉을 수 있도록 해야 합니다. 반장을 뽑아서 예배 후 카톡 방에 제비뽑기를 올려서 정해진 번호에 앉을 수 있도록 합니다.

선생님은 3분 동안 찬양을 틀어주면서 아이들이 어색하지 않게 함께 교제할 수 있도록 분위기를 만듭니다. 처음 3분 교제하기를 하면 잘 아는 아이들끼리는 이야기를 많이 하지만 잘 모르는 아이들은 금방 끝납니다. 하지만 시간이 지날수록 아이들이 서로 친해지고 나중에는 3분 타임을 정해놓지 않으면 계속해서 서로 이야기할 정도로 관계가 좋아집니다.

선생님도 함께 참여하면 아이들과 함께 깊은 교제 시간을 가질 수 있습니다. 3분 동안 서로 번갈아 가면서 한 주 동안 가장 기억에 남는 일, 하나님을 의식한 일, 기도 제목 등 여러 가지 일을 함께 이야기하면서 기도 제목을 나눕니다. 이렇게 모임을 시작하면 훨씬 더 밝은 분위기 속에서 공과 공부를 시작할 수 있습니다.

2. 기도 제목을 나누자!(7분)

　기도 제목을 나누는 시간은 삶을 나누는 시간입니다. 한 명씩 돌아가면서 일주일 동안의 짧은 근황을 이야기하며 기도 제목을 나누는 시간을 가집니다. 아이들이 처음에 근황을 이야기하거나 기도 제목을 나눌 때 많이 어색해 할 것입니다.

　그래서 대부분 아이가 아주 짧은 단답형으로 말할지도 모릅니다. 이때 가장 중요한 것은 선생님의 공감입니다. 선생님이 아이들을 어떻게 공감하느냐에 따라 아이들 반응이 달라질 수 있습니다.

　예를 들어 보겠습니다.

　선생님: 얘들아, 우리 함께 기도 제목을 나눠볼까? 한 주 동안 기억나는 일 한 가지 이야기하고 기도 제목까지 함께 이야기하자!

　학생: 전 별로 특별한 일은 없었어요. 체육 시간에 친구들이랑 농구했는데 엄청나게 센 친구랑 부딪쳐서 다치는 줄 알았어요.

　선생님: 오~ OO이 농구 좋아하는구나! 체육 시간에 농구하다가 다칠 뻔했다고? 얼마나 덩치가 큰 친구였어?

　학생: 음 … 김맥 목사님보단 좀 작긴 한데 키도 크고 덩치가 컸어요.

　선생님: 와~ 목사님보다 조금 더 작으면 한 덩치 하겠네. 네가 크게 안 다쳐서 다행이다. 혹시 네가 운동 신경이 좋아서 그 친구를 잘 피한 거 같은데?

　학생: 네. 제가 다른 친구들보다 농구를 잘하긴 해요.

선생님: 오~ 멋지네. 운동하는 남자네. 농구할 때 뭐가 제일 즐거워?

학생: 공부하다가 스트레스받을 때 농구하면 다 풀려요. 그래서 자주 해요.

선생님: 그랬구나. 앞으로 농구할 때 안 다치게 하고 멋진 모습 기대할게. 우리 다 같이 OO이를 위해서 박수!

아이가 어떤 단어나 말을 하면 그것을 계속해서 공감하며 질문하는 것이 중요합니다. 그럼 아이가 자기 마음을 드러내며 더 깊이 이야기할 수 있습니다. 그리고 아이들이 초반에 이야기를 잘 못할 경우 선생님이 먼저 자기 근황과 기도 제목을 말하면서 시범을 보이면 됩니다. 제일 중요한 것은 공감하면서 아이 눈빛을 맞추면서 경청하는 것입니다.

3. 오늘 설교 말씀의 핵심을 한 문장으로 나눠보자 (7분)

기도 제목을 나눈 뒤에 설교 시간에 학생들이 들었던 말씀을 정리할 수 있도록 합니다. 설교 핵심을 한 문장으로 함께 나누는 거지요. 아이들에게 들었던 설교 말씀 속에서 가장 인상 깊었던 부분을 한 문장으로 추려서 함께 나눠봅시다. 그리고 왜 그렇게 이야기했는지 자연스럽게 물어보는 것이죠.

예를 들어 보겠습니다.

선생님: 자, 오늘 우리 들었던 설교 말씀을 한 문장으로 나눠볼까?

학생: 저는 공평하신 하나님입니다.

선생님: 오 … 공평하신 하나님이라고 했는데 왜 그렇게 말했는지 말해줄 수 있어?

학생: 음 … 이제까지 저는 하나님이 불공평하신 분이라고 생각할 때가 많이 있었어요.

선생님: ○○이는 어떤 부분에서 그런 생각을 하게 된 거야?

학생: 저는 특히 공부할 때 그런 생각을 많이 했는데요. 저는 다른 친구들보다 열심히 하는데 정작 저보다 열심히 하지 않는 친구들이 점수를 더 잘 받을 때 자괴감이 들더라고요. 그 당시에 하나님은 정말 불공평한 분이라고 생각했어요.

선생님: (공감하며) 아~ 그랬구나. 선생님도 네 마음이 너무 공감이 가네. 선생님도 고3 때 열심히 공부했는데 모의고사 성적이 다른 친구들보다 안 나오면 정말 조바심도 나고 마음이 불안하기도 했고 무엇보다 하나님은 도대체 어디 계신 거지?라는 생각도 들더라고.

학생: 네. 열심히 했는데 결과가 나오지 않을 때 하나님도 이 모든 것을 알고 계시는데 왜 침묵하실까?

정말 불공평한 현실이라는 생각이 들 때가 많았어요.

선생님: 음 … 그럼, 오늘은 왜 공평한 하나님이라고 한 거야?

학생: 이제까지 불공평한 하나님이라고 생각했는데 오늘 목사님 설교 말씀을 들으니까 하나님은 이 세상의 누구보다 공평하신 하나님이심을 알게 되었어요.

선생님: 그랬구나! … 오늘 ○○이가 놀라운 사실을 알게 돼서 감사하네! 얘들아, ○○이가 방금 말한 것처럼 너희도 하나님을 불공평한 분이라고 오해했던 적은 없니, 혹시 누가 말해볼 친구 있어?

여기서 중요한 것은 아이가 설교 때 느꼈던 문장을 이야기했을 때 그것으로 끝나는 것이 아니라 선생님이 아이의 말에 공감하며 질문을 계속할 수 있어야 합니다.

만약 서기서 아이의 말을 듣고 난 뒤 "아~ 그랬구나. 자. 다음 친구는 또 없니?"라고 넘어가 버린다면 그 아이가 왜 공평하신 하나님이라고 말했는지 이유를 알 수 없습니다. 하지만 아이 말에 공감하며 질문을 거듭하면 할수록 아이 마음도 알게 되고 아이 또한 편안하게 자기 생각을 이야기할 수 있습니다.

4. 핵심 메시지 전하기(3분)

3번까지는 아이들과 함께 대화하며 진행하는 순서였습니다. 이제 마지막 3분은 아이들이 꼭 들어야 할 말씀 메시지를 전하는 시간입니다. 이 시간은 온전히 선생님이 전하는 시간입니다.

담당 교역자가 전했던 말씀 가운데 핵심적인 것들을 정리해서 아이들에게 전하는 것이죠. 이때는 선생님의 마음을 담아서 마음껏 아이들에게 전하면 됩니다.

이때는 아이들도 이미 자기들이 말을 많이 했기 때문에 선생님의 말씀을 집중해서 듣습니다. 그런데 문제는 선생님이 아이들의 말을 들으려고 하지 않고 일방적으로 가르치려고 하기 때문에 아이들이 지루해 하는 것입니다. 핵심 메시지를 전하기 전에 반드시 아이들의 말을 먼저 듣고 아이들이 말을 하게끔 유도해야 한다는 사실을 잊지 맙시다. 가르치는 것은 제일 마지막입니다.

5. 공과 공부는 공감 공부다!

　저는 공과 공부를 공감 공부로 이야기하고 싶습니다. 교사가 아이들과 공감할 때 아이들 또한 말문이 트이며 공과 공부 시간에 교사의 말에 집중할 수 있음을 명심하십시오. 반대로 교사가 아이들 말에 공감하지 않는다면 그 공과 공부 시간은 아이들이 빨리 마치길 바라는 그런 공과 공부 시간이 될 수 있다는 것을 기억하십시오.

6. 공과 공부하면서 주의해야 할 점

　(1) 일방적으로 가르치려고 하지 말아야 합니다.
　(2) 최대한 질문들을 많이 준비해서 물어봐야 합니다.

(3) 초반에는 말을 적극적으로 하는 친구들에게 먼저 질문해 봅시다.

(4) 말을 조심해야 합니다. 누군가를 정죄하거나 무시하거나 놀리지 맙시다.

(5) 아이들 눈빛을 맞추고 아이들이 말을 할 때 잘 들어줘야 합니다.

| CLC 신간 도서 |

박아청 지음 | 사륙변형 | 280면

이 책은 신·구약성경 전체를 교육학의 관점에서 해석하고 써 내려 간 교육학적 성경해석의 결정판이다.
유대인들은 하나님이 그들에게 허락해 주신 성경을 가지고 자녀를 교육하고 훈련하는 교재로 사용하였다.
또한, 신약시대에 예수님과 바울, 요한을 중심으로 이들을 탁월한 말씀의 교사로 소개한다.